जयशंकर प्रसाद की श्रेष्ठ कहानियाँ

जयशंकर प्रसाद

स्काई बुक्स इंटरनेशनल
दिल्ली-110030

ISBN : 978-93-87233-05-8

मूल्य : 495.00

प्रथम संस्करण : 2026

प्रकाशक : स्काई बुक्स इंटरनेशनल
1/1079 ई, महरौली
नई दिल्ली-110030

शब्द-संयोजक : गुप्ता कम्युनिकेशन
शाहदरा, दिल्ली-110032

मुद्रक : बी.के. ऑफसेट
नवीन शाहदरा, दिल्ली-110032

JAISHANKAR PRASAD KI SHRESTH KAHANIYAN
by Jaishankar Prasad

अनुक्रम

शरणागत

प्रभात-कालीन सूर्य की किरणें अभी पूर्व के आकाश में नहीं दिखाई पड़ती हैं। ताराओं का क्षीण प्रकाश अभी अम्बर में विद्यमान है। यमुना के तट पर दो-तीन रमणियाँ खड़ी हैं; और दो—यमुना की उन्हीं क्षीण लहरियों में, जो कि चन्द्र के प्रकाश से रंचित हो रही हैं—स्नान कर रही हैं। अकस्मात् पवन बड़े वेग से चलने लगा। इसी समय एक सुन्दरी, जो कि बहुत ही सुकुमारी थी, उन्हीं तरंगों में निमग्न हो गई। दूसरी, जो कि घबड़ाकर निकलना चाहती थी, किसी काठ का सहारा पाकर तट की ओर खड़ी हुई अपनी सखियों में जा मिली। पर वहाँ सुकुमारी नहीं थी। सब रोती हुई यमुना के तट पर घूमकर उसे खोजने लगीं।

अंधकार हट गया। अब सूर्य भी दिखाई देने लगे। कुछ ही देर में उन्हें, घबड़ाई हुई स्त्रियों को आश्वासन देती हुई, एक छोटी-सी नाव दिखाई दी। उन सखियों ने देखा कि वह सुकुमारी उसी नाव पर एक अंग्रेज और एक लेडी के साथ बैठी हुई है।

तट पर आने पर मालूम हुआ कि सिपाही-विद्रोह की गड़बड़ से भागे हुए एक सम्भ्रान्त योरोपियन-दम्पति उस नौका के आरोही हैं। उन्होंने सुकुमारी को डूबते हुए बचाया है और इसे पहुँचाने के लिए वे लोग यहाँ तक आए हैं।

सुकुमारी को देखते ही सब सखियों ने दौड़कर उसे घेर लिया और उससे लिपट-लिपटकर रोने लगीं। अंग्रेज और लेडी दोनों ने जाना चाहा, पर वे स्त्रियाँ कब मानने वाली थीं? लेडी साहिबा को रुकना पड़ा। थोड़ी देर में यह खबर फैल जाने से उस गाँव के जमींदार ठाकुर किशोर सिंह भी उस स्थान पर आ गए। अब, उनके अनुरोध करने से, विल्फर्ड और एलिस को

उनका आतिथ्य स्वीकार करने के लिए विवश होना पड़ा क्योंकि सुकुमारी, किशोर सिंह की ही स्त्री थी, जिसे उन लोगों ने बचाया था।

❒

चन्दनपुर के जमींदार के घर में, जो यमुना-तट पर बना हुआ है, पाईं-बाग के भीतर, एक रविश में चार कुर्सियाँ पड़ी हैं। एक पर किशोर सिंह और दो कुर्सियों पर विल्फर्ड और एलिस बैठे हैं, तथा चौथी कुर्सी के सहारे सुकुमारी खड़ी है। किशोर सिंह मुस्करा रहे हैं, और एलिस आश्चर्य की दृष्टि से सुकुमारी को देख रही है। विल्फर्ड उदास हैं और सुकुमारी मुख नीचा किए हुए है। सुकुमारी ने कनखियों से किशोर सिंह की ओर देखकर सिर झुका लिया।

एलिस–(किशोर सिंह से) बाबू साहब, आप इन्हें बैठने की इजाजत दें।

किशोर सिंह–मैं क्या मना करता हूँ?

एलिस–(सुकुमारी को देखकर) फिर वह क्यों नहीं बैठतीं?

किशोर सिंह–आप कहिए, शायद बैठ जाएँ।

विल्फर्ड–हाँ, आप क्यों खड़ी हैं?

बेचारी सुकुमारी लज्जा से गड़ी जाती थी।

एलिस–(सुकुमारी की ओर देखकर) अगर आप न बैठेंगी, तो मुझे बहुत रंज होगा।

किशोर सिंह–यों न बैठेंगी, हाथ पकड़कर बिठाइए।

एलिस सचमुच उठी, पर सुकुमारी एक बार किशोर सिंह की ओर वक्र दृष्टि से देखकर हँसती हुई पास की बारहदरी में भागकर चली गई, किन्तु एलिस ने पीछा न छोड़ा। वह भी वहाँ पहुँची, और उसे पकड़ा। सुकुमारी एलिस को देख गिड़गिड़ाकर बोली–क्षमा कीजिए, हम लोग पति के सामने कुर्सी पर नहीं बैठतीं, और न कुर्सी पर बैठने का अभ्यास ही है।

एलिस चुपचाप खड़ी रह गई, वह सोचने लगी कि–क्या सचमुच पति के सामने कुर्सी पर न बैठना चाहिए! फिर उसने सोचा–वह बेचारी जानती ही नहीं कि कुर्सी पर बैठने में क्या सुख है।

❒

चन्दनपुर के जमींदार के यहाँ आश्रय लिए हुए योरोपियन-दम्पति सब प्रकार सुख से रहने पर भी सिपाहियों का अत्याचार सुनकर शंकित रहते थे। दयालु किशोर सिंह यद्यपि उन्हें बहुत आश्वासन देते, तो भी कोमल प्रकृति की सुन्दरी एलिस सदा भयभीत रहती थी।

दोनों दम्पति कमरे में बैठे हुए यमुना का सुन्दर जल-प्रवाह देख रहे हैं। विचित्रता यह है कि 'सिगार' न मिल सकने के कारण विल्फर्ड साहब सटक के सड़ाके लगा रहे हैं। अभ्यास न होने के कारण सटक से उन्हें बड़ी अड़चन पड़ती थी, तिस पर सिपाहियों के अत्याचार का ध्यान उन्हें और भी उद्विग्न किए हुए था; क्योंकि एलिस का भय से पीला मुख उनसे देखा न जाता था।

इतने में बाहर कोलाहल सुनाई पड़ा। एलिस के मुख से 'ओ माई गॉड' ;वी उल ळवकद्ध निकल पड़ा और भय से वह मूर्च्छित हो गई। विल्फर्ड और किशोर सिंह ने एलिस को पलंग पर लिटाया; और आप 'बाहर क्या है' सो देखने के लिए चले।

विल्फर्ड ने अपनी राइफल हाथ में ली और साथ में जाना चाहा, पर किशोर सिंह ने उन्हें समझाकर बैठाया और आप खूँटी पर लटकती तलवार लेकर बाहर निकल गए।

किशोर सिंह बाहर आ गए, देखा तो पाँच कोस पर जो उनका सुन्दरपुर ग्राम है, उसे सिपाहियों ने लूट लिया और प्रजा दुःखी होकर अपने जमींदार से अपनी दुःख गाथा सुनाने आई है। किशोर सिंह ने सबको आश्वासन दिया, और उनके खाने-पीने का प्रबन्ध करने के लिए कर्मचारियों को आज्ञा देकर आप विल्फर्ड और एलिस को देखने के लिए भीतर चले आए।

किशोर सिंह स्वाभाविक दयालु थे और उनकी प्रजा उन्हें पिता के समान मानती थी, और उनका उस प्रान्त में भी बड़ा सम्मान था। वह बहुत बड़े इलाकेदार होने के कारण छोटे-से राजा समझे जाते थे। उनका प्रेम सब पर बराबर था किन्तु विल्फर्ड और सरला एलिस को भी बहुत चाहने लगे, क्योंकि प्रियतमा सुकुमारी की उन लोगों ने प्राण-रक्षा की थी।

❒

किशोर सिंह भीतर आए। एलिस को देखकर कहा—डरने की कोई बात नहीं है। यह मेरी प्रजा थी, समीप के सुन्दरपुर गाँव में वे सब रहते हैं। उन्हें सिपाहियों ने लूट लिया है। उनका बन्दोबस्त कर दिया गया है। अब उन्हें कोई तकलीफ नहीं।

एलिस ने लम्बी साँस लेकर आँखें खोल दीं, और कहा—क्या वे सब गए?

सुकुमारी—घबराओ मत, हम लोगों के रहते तुम्हारा कोई अनिष्ट नहीं हो सकता।

विल्फर्ड—क्या सिपाही रियासतों को लूट रहे हैं।

किशोर सिंह—हाँ, पर अब कोई डर नहीं है, वे लूटते हुए इधर से निकल गए।

विल्फर्ड—अब हमको कुछ डर नहीं है।

किशोर सिंह—आपने क्या सोचा?

विल्फर्ड—अब ये सब अपने भाइयों को लूटते हैं, तो शीघ्र ही अपने अत्याचार का फल पायेंगे और इनका किया कुछ न होगा।

किशोर सिंह ने गम्भीर होकर कहा—ठीक है।

एलिस ने कहा—मैं आज आप लोगों के संग भोजन करूँगी।

किशोर सिंह और सुकुमारी एक-दूसरे का मुख देखने लगे। फिर किशोर सिंह ने कहा—बहुत अच्छा।

❑

साफ दालान में दो कम्बल अलग-अलग दूरी पर बिछा दिए गए हैं। एक पर किशोर सिंह बैठे थे और दूसरे पर विल्फर्ड और एलिस; पर एलिस की दृष्टि बार-बार सुकुमारी को खोज रही थी और वह बार-बार यही सोच रही थी कि किशोर सिंह के साथ सुकुमारी अभी नहीं बैठी।

थोड़ी देर में भोजन आया, पर खानसामा नहीं स्वयं सुकुमारी एक थाल लिए है और तीन-चार औरतों के हाथों में भी खाद्य और पेय वस्तुएँ हैं। किशोर सिंह के इशारा करने पर सुकुमारी ने वह थाल एलिस के सामने रखा, और इसी तरह विल्फर्ड और किशोर सिंह को परोस दिया गया। पर किसी ने भोजन आरम्भ नहीं किया।

एलिस ने सुकुमारी से कहा—आप क्या यहाँ भी न बैठेंगी? क्या यहाँ भी कुर्सी है?

सुकुमारी—परोसेगा कौन?

एलिस—खानसामा।

सुकुमारी—क्यों, क्या मैं नहीं हूँ?

किशोर सिंह—जिद न कीजिए, यह हमारे भोजन कर लेने पर भोजन करती हैं।

एलिस ने आश्चर्य और उदासी-भरी एक दृष्टि सुकुमारी पर डाली। एलिस को भोजन कैसा लगा, सो नहीं कहा जा सकता।

भारत में शान्ति स्थापित हो गई है। अब विल्फर्ड और एलिस अपनी नील की कोठी पर वापस जाने वाले हैं। चन्दनपुर में उन्हें बहुत दिन रहना पड़ा। नील कोठी वहाँ से दूर है।

दो घोड़े सजे-सजाए खड़े हैं और किशोर सिंह के आठ सशस्त्र सिपाही उनको पहुँचाने के लिए उपस्थित हैं। विल्फर्ड साहब किशोर सिंह से बातचीत करके छुट्टी पा चुके हैं। केवल एलिस अभी तक भीतर से नहीं आई। उन्हीं के आने की देर है।

विल्फर्ड और किशोर सिंह पाईं-बाग में टहल रहे थे। इतने में आठ स्त्रियों का झुण्ड मकान से बाहर निकला। हैं! यह क्या? एलिस ने अपना गाउन नहीं पहना, उसके बदले फीरोजी रंग के रेशमी कपड़े का कामदानी लहँगा और मखमल की कंचुकी, जिसके सितारे रेशमी ओढ़नी के ऊपर से चमक रहे हैं। हैं! यह क्या? स्वाभाविक अरुण अधरों में पान की लाली भी है, आँखों में काजल की रेखा भी है, चोटी फूलों से गूँथी जा चुकी है, और मस्तक में सुन्दर-सा बालअरुण का बिन्दु भी तो है!

देखते ही किशोर सिंह खिलखिलाकर हँस पड़े, और विल्फर्ड तो भौंचक्के-से रह गए।

किशोर सिंह ने एलिस से कहा—आपके लिए भी घोड़ा तैयार है—पर सुकुमारी ने कहा—नहीं, इनके लिए पालकी मँगा दो।

सिकन्दर की शपथ

सूर्य की चमकीली किरणों के साथ, यूनानियों के बरछे की चमक से 'मिंगलौर-दुर्ग' घिरा हुआ है। यूनानियों के दुर्ग तोड़ने वाले यन्त्र दुर्ग की दीवालों से लगा दिए गए हैं और वे अपना कार्य बड़ी शीघ्रता के साथ कर रहे हैं। दुर्ग की दीवाल का एक हिस्सा टूटा और यूनानियों की सेना उसी भग्न मार्ग से जयनाद करती हुई घुसने लगी। पर वह उसी समय पहाड़ से टकराए हुए समुद्र की तरह फिरा दी गई और भारतीय युवक वीरों की सेना उनका पीछा करती हुई दिखाई पड़ने लगी। सिकन्दर उनके प्रचण्ड अस्त्रघात को रोकता पीछे हटने लगा।

अफगानिस्तान में 'अश्वक' वीरों के साथ भारतीय वीर कहाँ से आ गए? यह आशंका हो सकती है, किन्तु पाठकगण! वे निमन्त्रित होकर उनकी रक्षा के लिए सुदूर से आए हैं, जो कि संख्या में केवल सात हजार होने पर भी ग्रीकों की असंख्य सेना को बराबर पराजित कर रहे हैं।

सिकन्दर को उस सामान्य दुर्ग के अवरोध में तीन दिन व्यतीत हो गए। विजय की सम्भावना नहीं है, सिकन्दर उदास होकर कैम्प में लौट गया और सोचने लगा। सोचने की बात ही है। गाजा और परसिपोलिस आदि के विजेता को अफगानिस्तान के एक छोटे-से दुर्ग के जीतने में इतना परिश्रम उठाकर भी सफलता मिलती नहीं दिखाई देती, उल्टे कई बार उसे अपमानित होना पड़ा।

बैठे-बैठे सिकन्दर को बहुत देर हो गई। अँधकार फैलकर संसार को छिपाने लगा, जैसे कोई कपटाचारी अपनी मन्त्रणा को छिपाता हो। केवल कभी-कभी दो-एक उल्लू उस भीषण रणभूमि में अपने भयावह शब्द को सुना देते हैं। सिकन्दर ने सीटी देकर कुछ इंगित किया, एक वीर पुरुष

सामने दिखाई पड़ा। सिकन्दर ने उससे कुछ गुप्त बातें कीं और वह चला गया। अंधकार घनीभूत हो जाने पर सिकन्दर भी उसी ओर उठकर चला, जिधर वह पहला सैनिक जा चुका था।

❐

दुर्ग के उस भाग में, जो टूट चुका था, बहुत शीघ्रता से काम लगा हुआ था, जो बहुत शीघ्र कल की लड़ाई के लिए प्रस्तुत कर दिया गया और सब लोग विश्राम करने के लिए चले गए। केवल एक मनुष्य उसी स्थान पर प्रकाश डालकर कुछ देख रहा है। वह मनुष्य कभी तो खड़ा रहता है और कभी अपना प्रकाश फैलाने वाली मशाल को लिए हुए दूसरी ओर चला जाता है। उस समय उस घोर अँधकार में वह उस भयावह दुर्ग की प्रकाण्ड छाया और भी स्पष्ट हो जाती है। उसी छाया में छिपा हुआ सिकन्दर खड़ा है। उसके हाथ में धनुष और बाण है, उसके सब अस्त्र उसके पास हैं। उसका मुख यदि कोई इस समय प्रकाश में देखता तो अवश्य कहता कि यह कोई बड़ी भयानक बात सोच रहा है, क्योंकि उसका सुन्दर मुखमण्डल इस समय विचित्र भावों से भरा है। अकस्मात् उसके मुख से एक प्रसन्नता का चीत्कार निकल पड़ा, जिसे उसने बहुत व्यग्र होकर छिपाया।

समीप की झाड़ी से एक दूसरा मनुष्य निकल पड़ा, जिसने आकर सिकन्दर से कहा–देर न कीजिए, क्योंकि यह वही है।

सिकन्दर ने धनुष को ठीक करके एक विषमय बाण उस पर छोड़ा और उसे उसी दुर्ग पर टहलते हुए मनुष्य की ओर लक्ष्य करके छोड़ा। लक्ष्य ठीक था, वह मनुष्य लुढ़ककर नीचे आ रहा। सिकन्दर और उसके साथी ने झट जाकर उसे उठा लिया, किन्तु उसके चीत्कार से दुर्ग पर का एक प्रहरी झुककर देखने लगा। उसने प्रकाश डालकर पूछा–कौन है?

उत्तर मिला–मैं दुर्ग से नीचे गिर पड़ा हूँ।

प्रहरी ने कहा–घबड़ाइए मत, मैं डोरी लटकाता हूँ।

डोरी बहुत जल्द लटका दी गई, अफगान वेशधारी सिकन्दर उसके सहारे ऊपर चढ़ गया। ऊपर जाकर सिकन्दर ने उस प्रहरी को भी नीचे गिरा दिया, जिसे उसके साथी ने मार डाला और उसका वेश आप लेकर उस सीढ़ी से ऊपर चढ़ गया। जाने के पहले उसने अपनी छोटी-सी सेना को भी उसी

जगह बुला लिया और धीरे-धीरे उसी रस्सी को सीढ़ी से वे सब ऊपर पहुँचा दिए गए।

❒

दुर्ग के प्रकोष्ठ में सरदार की सुन्दर पत्नी बैठी थी। मदिरा-विलोल दृष्टि से कभी दर्पण में अपना सुन्दर मुख और कभी अपने नवीन नील वसन को देख रही है। उसका मुख लालसा की मदिरा से चमक-चमककर उसकी ही आँखों में चकाचौंध पैदा कर रहा है। अकस्मात् 'प्यारे सरदार' कहकर वह चौंक पड़ी, पन उसकी प्रसन्नता उसी क्षण बदल गई, जब उसने सरदार के वेश में दूसरे को देखा। सिकन्दर का मानुषिक सौन्दर्य कुछ कम नहीं था, अबला-हृदय को और भी दुर्बल बना देने के लिए वह पर्याप्त था। वे एक-दूसरे को निर्निमेष दृष्टि से देखने लगे। पर अफगान-रमणी की शिथिलता देर तक न रही, उसने हृदय के सारे बल को एकत्र करके पूछा—तुम कौन हो?

उत्तर मिला—शहंशाह सिकन्दर।

रमणी ने पूछा—यह वस्त्र किस तरह मिला?

सिकन्दर ने कहा—सरदार को मार डालने से।

रमणी के मुख से चीत्कार के साथ ही निकल पड़ा—क्या सरदार मारा गया?

सिकन्दर—हाँ, अब वह इस लोक में नहीं है।

रमणी ने अपना मुख दोनों हाथों से ढँक लिया, पर उसी क्षण उसके हाथ में एक चमचमाता हुआ छुरा दिखाई देने लगा।

सिकन्दर घुटने के बल बैठ गया और बोला—सुन्दरी! एक जीव के लिए तुम्हारी दो तलवारें बहुत थीं, फिर तीसरी की क्या आवश्यकता है?

रमणी की दृढ़ता हट गई और न जाने क्यों उसके हाथ का छुरा छिटककर गिर पड़ा, वह भी घुटनों के बल बैठ गई।

सिकन्दर ने उसका हाथ पकड़कर उसे उठाया। अब उसने देखा कि सिकन्दर अकेला नहीं है, उसके बहुत-से सैनिक दुर्ग पर दिखाई दे रहे हैं। रमणी ने अपना हृदय दृढ़ किया और सन्दूक खोलकर एक जवाहरात का डिब्बा ले आकर सिकन्दर के आगे रखा। सिकन्दर ने उसे देखकर कहा—मुझे

इसकी आवश्यकता नहीं है, दुर्ग पर मेरा अधिकार हो गया, इतना ही बहुत है।

दुर्ग के सिपाही यह देखकर कि शत्रु भीतर आ गया है, अस्त्र लेकर मारपीट करने पर तैयार हो गए। पर सरदार-पत्नी ने उन्हें मना किया, क्योंकि उसे बतला दिया गया था कि सिकन्दर की विजयवाहिनी दुर्ग के द्वार पर खड़ी है।

सिकन्दर ने कहा—तुम घबराओ मत, जिस तरह से तुम्हारी इच्छा होगी, उसी प्रकार सन्धि के नियम बनाए जाएँगे। अच्छा, मैं जाता हूँ।

अब सिकन्दर को थोड़ी दूर तक सरदार-पत्नी पहुँचा गई। सिकन्दर थोड़ी सेना छोड़कर आप अपने शिविर में चला गया।

❑

सन्धि हो गई। सरदार-पत्नी ने स्वीकार कर लिया कि दुर्ग सिकन्दर के अधीन होगा। सिकन्दर ने भी उसी को यहाँ की रानी बनाया और कहा—भारतीय योद्धा जो तुम्हारे यहाँ आए हैं, वे अपने देश को लौटकर चले जाएँ। मैं उनके जाने में किसी प्रकार की बाधा न डालूँगा। सब बातें शपथपूर्वक स्वीकार कर ली गईं।

राजपूत वीर अपने परिवार के साथ उस दुर्ग से निकल पड़े, स्वदेश की ओर चलने के लिए तैयार हुए। दुर्ग के समीप ही एक पहाड़ी पर उन्होंने अपना डेरा जमाया और भोजन करने का प्रबन्ध करने लगे।

भारतीय रमणियाँ जब अपने प्यारे पुत्रों और पतियों के लिए भोजन प्रस्तुत कर रही थीं, तो उनमें उस अफगान-रमणी के बारे में बहुत बातें हो रही थीं और वे सब उसे बहुत घृणा की दृष्टि से देखने लगीं, क्योंकि उसने एक पति-हत्यारे को आत्मसमर्पण कर दिया था। भोजन के उपरान्त जब सब सैनिक विश्राम करने लगे, तब युद्ध की बातें कहकर अपने चित्त को प्रसन्न करने लगे। थोड़ी देर नहीं बीती थी कि एक ग्रीक अश्वारोही उनके समीप आता दिखाई पड़ा, जिसे देखकर एक राजपूत युवक उठ खड़ा हुआ और उसकी प्रतीक्षा करने लगा।

ग्रीक सैनिक उसके समीप आकर बोला—शहंशाह सिकन्दर ने तुम लोगों को दया करके अपनी सेना में भरती करने का विचार किया है। आशा

है कि इस संवाद से तुम लोग बहुत प्रसन्न होगे।

युवक बोल पड़ा—इस दया के लिए हम लोग बहुत कृतज्ञ हैं, पर अपने भाइयों पर अत्याचार करने में ग्रीकों का साथ देने के लिए हम लोग कभी प्रस्तुत नहीं हैं।

ग्रीक—तुम्हें प्रस्तुत होना चाहिए, क्योंकि यह शहंशाह सिकन्दर की आज्ञा है।

युवक—नहीं महाशय, क्षमा कीजिए। हम लोग आशा करते हैं कि सन्धि के अनुसार हम लोग अपने देश को शान्तिपूर्वक लौट जाएँगे, इसमें बाधा न डाली जाएगी।

ग्रीक—क्या तुम लोग इस बात पर दृढ़ हो? एक बार और विचारकर उत्तर दो, क्योंकि उसी उत्तर पर तुम लोगों का जीवन-मरण निर्भर होगा।

इस पर कुछ राजपूतों ने समवेत स्वर से कहा—हाँ-हाँ, हम अपनी बात पर दृढ़ हैं, किन्तु सरदार, जिसने देवताओं के नाम से शपथ ली है, अपनी शपथ को न भूलेगा।

ग्रीक—सिकन्दर ऐसा मूर्ख नहीं है कि आए हुए शत्रुओं को और दृढ़ होने का अवकाश दे। अस्तु, अब तुम लोग मरने के लिए तैयार हो।

इतना कहकर वह ग्रीक अपने घोड़े को घुमाकर सीटी मारने लगा, जिसे सुनकर अगणित ग्रीक-सेना उन थोड़े से हिन्दुओं पर टूट पड़ी।

इतिहास इस बात का साक्षी है कि उन्होंने प्राण-पण से युद्ध किया और जब तक कि उनमें एक भी बचा, बराबर लड़ता गया। क्यों न हो, जब उनकी प्यारी स्त्रियाँ उन्हें अस्त्रहीन देखकर तलवार देती थीं और हँसती हुई अपने प्यारे पतियों की युद्ध-क्रिया देखती थीं। रणचण्डियाँ भी अकर्मण्य न रहीं, जीवन देकर अपना धर्म रखा। ग्रीकों की तलवारों ने उनके बच्चों को भी रोने न दिया, क्योंकि पिशाच सैनिकों के हाथों सभी मारे गए।

अज्ञात स्थान में निराश्रय होकर उन सब वीरों ने प्राण दिए। भारतीय लोग उनका नाम नहीं जानते!

चित्तौर-उद्धार

दीपमालाएँ आपस में कुछ हिल-हिलकर इंगित कर रही हैं, किन्तु मौन हैं। सज्जित मन्दिर में लगे हुए चित्र एकटक एक-दूसरे को देख रहे हैं, शब्द नहीं हैं। शीतल समीर आता है, किन्तु धीरे से वातायन-पथ के पार हो जाता है, दो सजीव चित्रों को देखकर वह कुछ नहीं कह सकता है। पर्यंक पर भाग्यशाली मस्तक उन्नत किए हुए चुपचाप बैठा हुआ युवक, स्वर्ण-पुत्तली की ओर देख रहा है, जो कोने में निर्वात दीपशिखा की तरह प्रकोष्ठ को आलोकित किए हुए है। नीरवता का सुन्दर दृश्य, भाव-विभोर होने का प्रत्यक्ष प्रमाण, स्पष्ट उस गृह में आलोकित हो रहा है।

अकस्मात् गम्भीर कण्ठ से युवक उद्वेग में भर बोल उठा—सुन्दरी! आज से तुम मेरी धर्म-पत्नी हो, फिर मुझसे संकोच क्यों?

युवती कोकिल-स्वर से बोली—महाराजकुमार! यह आपकी दया है, जो दासी को अपनाना चाहते हैं, किन्तु वास्तव में दासी आपके योग्य नहीं है।

युवक—मेरी धर्मपरिणीता वधू, मालदेव की कन्या अवश्य मेरे योग्य है। यह चाटुक्ति मुझे पसन्द नहीं है। तुम्हारे पिता ने, यद्यपि वह मेरे चिर शत्रु हैं, तुम्हारे ब्याह के लिए नारियल भेजा और मैंने राजपूत धर्मानुसार उसे स्वीकार किया, फिर भी तुम्हारी ऐसी सुन्दरी को पाकर हम प्रवंचित नहीं हुए और इसी अवसर पर अपने पूर्व-पुरुषों की जन्मभूमि का भी दर्शन मिला।

—उदार हृदय राजकुमार! मुझे क्षमा कीजिए। देवता से छलना मनुष्य नहीं कर सकता। मैं इस सम्मान के योग्य नहीं कि पर्यंक पर बैठूँ, किन्तु चरण-प्रान्त में बैठकर एक बार नारी-जीवन का स्वर्ग भोग कर लेने में आपके-ऐसे देवता आधा न देंगे।

इतना कहकर युवती ने पर्यंक से लटकते हुए राजकुमार के चरणों को पकड़ लिया।

वीर कुमार हम्मीर अवाक् होकर देखने लगे। फिर उसका हाथ पकड़कर पास में बैठा लिया। राजकुमारी शीघ्रता से उतरकर पलंग के नीचे बैठ गई।

दाम्पत्य-सुख से अपरिचित कुमार की भवें कुछ चढ़ गईं, किन्तु उसी क्षण यौवन के नवीन उल्लास ने उन्हें उतार दिया। हम्मीर ने कहा—फिर क्यों तुम इतना उत्कण्ठित कर रही हो? सुन्दरी! कहो, बात क्या है?

राजकुमारी—मैं विधवा हूँ। सात वर्ष की अवस्था में, सुना है कि मेरा ब्याह हुआ और आठवें वर्ष विधवा हुई! यह भी सुना है कि विधवा का शरीर अपवित्र होता है। तब, जगत्पवित्र शिशौदिया-कुल के कुमार को छूने का कैसे साहस कर सकती हूँ।

हम्मीर—हैं! क्या तुम विधवा हो? फिर तुम्हारा ब्याह पिता ने क्यों किया?

राजकुमारी—केवल देवता को अपमानित करने के लिए।

हम्मीर की तलवार में स्वयं एक झनकार उत्पन्न हुई। फिर भी उन्होंने शान्त होकर कहा—अपमान इससे नहीं होता, किन्तु परिणीता वधू को छोड़ देने में अपमान है।

राजकुमारी—प्रभो! पतिता को लेकर आप क्यों कलंकित होते हैं?

हम्मीर ने मुस्कराकर कहा—ऐसे निर्दोष और सच्चे रत्न को लेकर कौन कलंकित हो सकता है?

राजकुमारी संकुचित हो गई। हम्मीर ने हाथ पकड़कर उठाकर पलंग पर बैठाया और कहा—आओ, तुम्हें मुझसे—समाज, संसार—कोई भी अलग नहीं कर सकता।

राजकुमारी ने वाष्परुद्ध कण्ठ से कहा—इस अनाथिनी को सनाथ करके आपने चिर-ऋणी बनाया—और विह्वल होकर हम्मीर के अंक में सिर रख दिया।

❒

कैलवाड़ा-प्रदेश के छोटे-से दुर्ग के एक प्रकोष्ठ में राजकुमार हम्मीर

बैठे हुए चिन्ता में निमग्न हैं। सोच रहे थे–जिस दिन मुंज का सिर मैंने काटा, उसी दिन एक भारी बोझ मेरे सिर दिया गया, वह पितृव्य का दिया हुआ महाराणा वंश का राजतिलक है, उसका पूरा निर्वाह जीवन भर करना कर्तव्य है। चित्तौर का उद्धार करना ही मेरा प्रधान लक्ष्य है। पर देखूँ, ईश्वर कैसे इसे पूरा करता है। इस छोटी-सी सेना से, यथोचित धन का अभाव रहते, वह क्योंकर हो सकता है? रानी मुझे चिन्ताग्रस्त देखकर यही समझती है कि विवाह ही मेरे चिन्तित होने का कारण है। मैं उसकी ओर देखकर मालदेव पर कोई अत्याचार करने पर संकुचित होता हूँ। ईश्वर की कृपा से एक पुत्र भी हुआ, किन्तु मुझे नित्य चिन्तित देखकर रानी पिता के यहाँ चली गई है यद्यपि देवता-पूजन करने के लिए ही वहाँ उनका जाना हुआ है, किन्तु मेरी उदासीनता भी कारण है। भगवान एकलिंगेश्वर कैसे इस दुःसाध्य कार्य को पूर्ण करते हैं, यह वही जानें।

इसी तरह की अनेक विचार-तरंगें मानस में उठ रही थीं। संध्या की शोभा सामने की गिरि-श्रेणी पर अपनी लीला दिखा रही है, किन्तु चिन्तित हम्मीर को उसका आनन्द नहीं। देखते-देखते अँधकार ने गिरि-प्रदेश को ढँक लिया। हम्मीर उठे, वैसे ही द्वारपाल ने आकर कहा–महाराज विजयी हों। चित्तौर से एक सैनिक, महारानी का भेजा हुआ, आया है।

थोड़ी ही देर में सैनिक लाया गया और अभिवादन करने के बाद उसने एक पत्र हम्मीर के हाथ में दिया। हम्मीर ने उसे लेकर सैनिक को विदा किया और पत्र पढ़ने लगे–

प्राणनाथ जीवनसर्वस्व के चरणों में

कोटिशः प्रणाम!

देव! आपकी कृपा ही मेरे लिए कुशल है। मुझे यहाँ आए इतने दिन हुए, किन्तु एक बार भी आपने पूछा नहीं। इतनी उदासीनता क्यों? क्या, साहस में भरकर जो आपने मुझे स्वीकार किया, उसका प्रतिकार कर रहे हैं? देवता! ऐसा न चाहिए। मेरा अपराध ही क्या है? मैं आपका चिन्तित मुख नहीं देख सकती, इसीलिए कुछ दिनों के लिए यहाँ चली आई हूँ, किन्तु बिना उस मुख को देखे भी शान्ति नहीं। अब कहिए, क्या करूँ? देव! जिस भूमि की दर्शनाभिलाषा ने ही आपको मुझसे ब्याह करने के लिए बाध्य किया,

उसी भूमि में आने से मेरा हृदय अब कहता है कि आप ब्याह करके पश्चात्ताप नहीं कर रहे हैं, किन्तु आपकी उदासीनता केवल चित्तौर-उद्धार के लिए है। मैं उसमें बाधास्वरूप आपको दिखाई पड़ती हूँ। मेरे ही स्नेह से आप पिता के ऊपर चढ़ाई नहीं कर सकते और पितरों के ऋण से उद्धार नहीं पा रहे हैं। इस जन्म में तो आपसे उद्धार नहीं हो सकती और होने की इच्छा भी नहीं—कभी, किसी भी जन्म में। चित्तौर-अधिष्ठात्री ने मुझे स्वप्न में जो आज्ञा दी है, मैं उसी कार्य के लिए रुकी हूँ। पिता इस समय चित्तौर में नहीं हैं, इससे यह न समझिए कि मैं आपको कायर समझती हूँ किन्तु इसलिए कि युद्ध में उनके न रहने से उनकी कोई शारीरिक क्षति नहीं होगी। मेरे कारण जिसे आप बचाते हैं, वह बात बच जाएगी। सरदारों से रक्षित चित्तौर-दुर्ग के वीर सैनिकों के साथ सम्मुख युद्ध में इस समय विजय प्राप्त कर सकते हैं। मुझे निश्चय है, भवानी आपकी रक्षा करेंगी। और मुझे चित्तौर से अपने साथ न ले जाकर यहीं सिंहासन पर बैठिए। दासी चरण-सेवा करके कृतार्थ होगी।

❒

चित्तौर-दुर्ग के सिंहद्वार पर एक सहस्र राजपूत-सवार और उतने ही भील-धनुर्धर पदातिक उन्मुक्त शस्त्र लिए हुए महाराणा हम्मीर की जय का भीम-नाद कर रहे हैं।

दुर्ग-रक्षक सचेष्ट होकर बुर्जियों पर से अग्नि-वर्षा करा रहा है, किन्तु इन दृढ़-प्रतिज्ञ वीरों को हटाने में असमर्थ है। दुर्गद्वार बन्द है। आक्रमणकारियों के पास दुर्गद्वार तोड़ने का कोई साधन नहीं है, तो भी वे अदम्य उत्साह से आक्रमण कर रहे हैं। वीर हम्मीर कतिपय उत्साही वीरों के साथ अग्रसर होकर प्राचीर पर चढ़ने का उद्योग करने लगे किन्तु व्यर्थ, कोई फल नहीं हुआ। भीलों की बाण-वर्षा से हम्मीर का शत्रुपक्ष निर्बल होता था, पर वे सुरक्षित थे। चारों ओर भीषण हत्याकाण्ड हो रहा है। अकस्मात् दुर्ग का सिंहद्वार सशब्द खुला।

हम्मीर की सेना ने समझा कि शत्रु मैदान में युद्ध करने के लिए आ गए, बड़े उल्लास से आक्रमण किया गया। किन्तु देखते हैं तो सामने एक सौ छत्राणियाँ हाथ में तलवार लिए हुए दुर्ग के भीतर खड़ी हैं। हम्मीर पहले

तो संकुचित हुए, फिर जब देखा कि स्वयं राजकुमारी ही उन क्षत्राणियों की नेत्री हैं और उनके हाथ में भी तलवार है, तो वह आगे बढ़े। राजकुमारी ने प्रणाम करके तलवार महाराणा के हाथों में दे दी, राजपूतों ने भीम-नाद के साथ 'एकलिंग की जय' घोषित किया।

वीर हम्मीर अग्रसर नहीं हो रहे हैं। दुर्ग से रक्षक ससैन्य उसी स्थान पर आ गया, किन्तु वहाँ का दृश्य देखकर वह भी अवाक् हो गया। हम्मीर ने कहा—सेनापति! मैं इस तरह दुर्ग-अधिकार पर तुम्हें बन्दी नहीं करना चाहता, तुम ससैन्य स्वतन्त्र हो। यदि इच्छा हो तो युद्ध करो। चित्तौर-दुर्ग राणा-वंश का है। यदि हमारा होगा, तो एकलिंग भगवान की कृपा से उसे हम हस्तगत करेंगे ही।

दुर्ग-रक्षक ने कुछ सोचकर कहा—भगवान की इच्छा है कि आपको आपका पैतृक दुर्ग मिले, उसे कौन रोक सकता है? सम्भव है कि इसमें राजपूतों की भलाई हो। इससे बन्धुओं का रक्तपात हम नहीं कराना चाहते आपको चित्तौर का सिंहासन सुखद हो, देश की श्री-वृद्धि हो, हिन्दुओं का सूर्य मेवाड़-गगन में एक बार फिर उदित हो। भील, राजपूत, शत्रुओं ने मिलकर महाराणा का जयनाथ किया, दुंदुभी बज उठी। मंगल-गान के साथ सपत्नीक हम्मीर पैतृक सिंहासन पर आसीन हुए। अभिवादन ग्रहण कर लेने पर महाराणा ने महिषी से कहा—क्या अब भी तुम कहोगी कि तुम हमारे योग्य नहीं हो?

अशोक

पूतः-सलिला भागीरथी के तट पर चन्द्रालोक में महाराज चक्रवर्ती अशोक टहल रहे हैं। थोड़ी दूर पर एक युवक खड़ा है। सुधाकर की किरणों के साथ नेत्र-ताराओं को मिलाकर स्थिर दृष्टि से महाराज ने कहा—विजयकेतु, क्या यह बात सच है कि जैन लोगों ने हमारे बौद्ध-धर्माचार्य होने का जन-साधारण में प्रवाद फैलाकर उन्हें हमारे विरुद्ध उत्तेजित किया है और पौण्ड्रवर्धन में एक बुद्धमूर्ति तोड़ी गई है?

विजयकेतु—महाराज, क्या आपसे भी कोई झूठ बोलने का साहस कर सकता है?

अशोक—मनुष्य के कल्याण के लिए हमने जितना उद्योग किया, क्या वह सब व्यर्थ हुआ? बौद्ध धर्म को हमने क्यों प्रधानता दी? इसीलिए कि शान्ति फैलेगी, देश में द्वेष का नाम भी न रहेगा और उसी शान्ति की छाया में समाज अपने वाणिज्य, शिल्प और विद्या की उन्नति करेगा। पर नहीं, हम देख रहे हैं कि हमारी कामना पूर्ण होने में अभी अनेक बाधाएँ हैं। हमें पहले उन्हें हटाकर मार्ग प्रशस्त करना चाहिए।

विजयकेतु—देव! आपकी क्या आज्ञा है?

अशोक—विजयकेतु, भारत में एक समय वह था, जबकि इसी अशोक के नाम से लोग काँप उठते थे। क्यों? इसीलिए कि वह बड़ा कठोर शासक था। पर वही अशोक जब से बौद्ध कहकर सर्वत्र प्रसिद्ध हुआ है, उसके शासन को लोग कोमल कहकर भूलने लग गए हैं। अस्तु, तुमको चाहिए कि अशोक का आतंक एक बार फिर फैला दो; और यह आज्ञा प्रचलित कर दो कि जो मनुष्य जैनों का साथी होगा, वह अपराधी होगा; और जो एक जैन का सिर काट लाएगा, वह पुरस्कृत किया जाएगा।

विजयकेतु–(काँपकर) जो महाराज की आज्ञा!

अशोक–जाओ, शीघ्र जाओ।

विजयकेतु चला गया। महाराज अभी वहीं खड़े हैं। नूपुर का कलनाद सुनाई पड़ा। अशोक ने चौंककर देखा, तो बीस-पच्चीस दासियों के साथ महारानी तिष्यरक्षिता चली आ रही हैं।

अशोक–प्रिये! तुम यहाँ कैसे?

तिष्यरक्षिता–प्राणनाथ! शरीर से कहीं छाया अलग रह सकती है? बहुत देर हुई, मैंने सुना था कि आप आ रहे हैं; पर बैठे-बैठे जी घबड़ा गया कि आने में क्यों देर हो रही है। फिर दासी से ज्ञात हुआ कि आप महल के नीचे बहुत देर से टहल रहे हैं। इसीलिए मैं स्वयं आपके दर्शन के लिए चली आई। अब भीतर चलिए!

अशोक–मैं तो आ ही रहा था। अच्छा चलो।

अशोक और तिष्यरक्षिता समीप के सुन्दर प्रासाद की ओर बढ़े। दासियाँ पीछे थीं।

❒

राजकीय कानन में अनेक प्रकार के वृक्ष, सुरभित सुमनों से झूल रहे हैं। कोकिला भी कूक-कूककर आम की डालों को हिलाए देती हैं। नव-बसन्त का समागम है। मलयानिल इठलाता हुआ कुसुम-कलियों को ठुकराता जा रहा है।

इसी समय कानन-निकटस्थ शैल के झरने के पास बैठकर एक युवक जल-लहरियों की तरंग-भंगी देख रहा है। युवक बड़े सरल विलोकन से कृत्रिम जलप्रपात को देख रहा है। उसकी मनोहर लहरियाँ जो बहुत ही जल्दी-जल्दी लीन हो स्रोत में मिलकर सरल पथ का अनुकरण करती हैं, उसे बहुत ही भली मालूम हो रही हैं। पर युवक को यह नहीं मालूम कि उसकी सरल दृष्टि और सुन्दर अवयव से विवश होकर एक रमणी अपने परम पवित्र पद से च्युत होना चाहती है।

देखो, उस लता-कुंज में, पत्तियों की ओट में, दो नीलमणि के समान कृष्ण-तारा चमककर किसी अदृश्य आश्चर्य का पता बता रहे हैं। नहीं-नहीं, देखो, चन्द्रमा में भी कहीं तारे रहते हैं? वह तो किसी सुन्दरी के मुख-कमल का आभास है!

युवक अपने आनन्द में मग्न है। उसे इसका कुछ भी ध्यान नहीं है कि कोई व्याध उसकी ओर अलक्षित होकर बाण चला रहा है। युवक उठा और उसी कुंज की ओर चला। किसी प्रच्छन्न शक्ति की प्रेरणा से वह उसी लता-कुंज की ओर बढ़ा। किन्तु उसकी दृष्टि वहाँ जब भीतर पड़ी, तो वह अवाक् हो गया। उसके दोनों हाथ आप जुड़ गए। उसका सिर स्वयं अवनत हो गया।

रमणी स्थिर होकर खड़ी थी। उसके हृदय में उद्वेग और शरीर में कंपन था। धीरे-धीरे उसके होंठ हिले और कुछ मधुर शब्द निकले। पर वे शब्द स्पष्ट होकर वायुमण्डल में लीन हो गए। युवक का सिर नीचे ही था। फिर युवती ने अपने को सम्भाला, और बोली—कुनाल, तुम यहाँ कैसे? अच्छे तो हो?

उत्तर में कुनाल ने कहा—माताजी की कृपा से।

युवती मन्द मुस्कान के साथ बोली—मैं तुम्हें देर से यहाँ छिपकर देख रही हूँ।

कुनाल—महारानी तिष्यरक्षिता को छिपकर मुझे देखने की क्या आवश्यकता है?

तिष्यरक्षिता—(कुछ कपित स्वर से) तुम्हारे सौन्दर्य से विवश होकर।

कुनाल—(विस्मित तथा भयभीत होकर) पुत्र का सौन्दर्य तो माता ही का दिया हुआ है।

तिष्यरक्षिता—नहीं कुनाल, मैं तुम्हारी प्रेम-भिखारिनी हूँ, राजरानी नहीं हूँ; और न तुम्हारी माता हूँ।

कुनाल—(कुंज से बाहर निकलकर) माताजी, मेरा प्रणाम ग्रहण कीजिए, और अपने इस पाप का शीघ्र प्रायश्चित्त कीजिए। जहाँ तक सम्भव होगा, अब आप इस पाप-मुख को कभी न देखेंगी।

इतना कहकर शीघ्रता से वह युवक राजकुमार कुनाल, अपनी विमाता की बात सोचता हुआ, उपवन के बाहर निकल गया। पर तिष्यरक्षिता किंकर्त्तव्यविमूढ़ होकर वहीं तब तक खड़ी रही, जब तक किसी दासी के भूषण-शब्द ने उसकी मोह-निद्रा को भंग नहीं किया।

❐

श्रीनगर के समीपवर्ती कानन में एक कुटीर के द्वार पर कुनाल बैठा हुआ ध्यानमग्न है। उसकी सुशील पत्नी उसी कुटीर में कुछ भोजन बना रही है।

कुटीर स्वच्छ तथा उसकी भूमि परिष्कृत है। शान्ति की प्रबलता के कारण पवन भी उस समय धीरे-धीरे चल रही है।

किन्तु वह शान्ति देर तक न रही, क्योंकि एक दौड़ता हुआ मृगशावक कुनाल की गोद में आ गिरा, जिससे उसके ध्यान में विघ्न हुआ, और वह खड़ा हो गया। कुनाल ने उस मृगशावक को देखकर समझा कि कोई व्याघ्र भी उसके पीछे आता ही होगा। पर जब कोई उसे न दीख पड़ा, तो उसने उस मृगशावक को अपनी स्त्री 'धर्मरक्षिता' को देकर कहा—प्रिये! क्या तुम इसको बच्चे की तरह पालोगी?

धर्मरक्षिता—प्राणनाथ, हमारे ऐसे वनचारियों को ऐसे ही बच्चे चाहिएं।

कुनाल—प्रिये! तुमको हमारे साथ बहुत कष्ट है।

धर्मरक्षिता—नाथ, इस स्थान पर यदि सुख न मिला, तो मैं समझूँगी कि संसार में भी कहीं सुख नहीं है।

कुनाल—किन्तु प्रिये, क्या तुम्हें वे सब राज-सुख याद नहीं आते? क्या उनकी स्मृति तुम्हें नहीं सताती? और, क्या तुम अपनी मर्म-वेदना से निकलते हुए आँसुओं को रोक नहीं लेतीं! या वे सचमुच हैं ही नहीं?

धर्मरक्षिता—प्राणाधार! कुछ नहीं है। यह सब आपका भ्रम है। मेरा हृदय जितना इस शान्त वन में आनन्दित है, उतना कहीं भी न रहा। भला ऐसे स्वभाववर्धित, सरल-सीधे और सुमन वाले साथी कहाँ मिलते? ऐसी मृदुला लताएँ, जो अनायास ही चरण को चूमती हैं, कहाँ उस जनरव से भरे राजकीय नगर में मिली थीं? नाथ, और सच कहना, (मृग को चूमकर) ऐसा प्यारा शिशु भी तुम्हें आज तक नहीं मिला था? तिस पर भी आपको अपनी विमाता की कृपा से जो दुःख मिलता था, वह भी यहाँ नहीं है। फिर सुखमय जीवन और कौन होगा?

कुनाल के नेत्र आँसुओं से भर आए, और वह उठकर टहलने लगे। धर्मरक्षिता भी अपने काम में लगी। मधुर पवन भी उस भूमि में उसी प्रकार चलने लगा। कुनाल का हृदय अशान्त हो उठा, और वह टहलता हुआ कुछ

दूर निकल गया। जब नगर का समीपवर्ती प्रान्त उसे दिखाई पड़ा, तब वह रुक गया और उसी ओर देखने लगा।

□

पाँच-छः मनुष्य दौड़ते हुए चले आ रहे हैं। वे कुनाल के पास पहुँचना ही चाहते थे कि उनके पीछे बीस अश्वारोही दीख पड़े। वे सब-के-सब कुनाल के समीप पहुँचे। कुनाल चकित दृष्टि से उन सबको देख रहा था।

आगे दौड़कर आने वालों ने कहा—महाराज, हम लोगों को बचाइए।

कुनाल उन लोगों को पीछे करके आप आगे डटकर खड़ा हो गया। वे अश्वारोही भी उस युवक कुनाल के अपूर्व तेजोमय स्वरूप को देखकर सहमकर, उसी स्थान पर खड़े हो गए। कुनाल ने उन अश्वारोहियों से पूछा—तुम लोग इन्हें क्यों सता रहे हो? क्या इन लोगों ने कोई ऐसा कार्य किया है, जिससे ये लोग न्यायतः दण्डभागी समझे गए हैं?

एक अश्वारोही, जो उन लोगों का नायक था, बोला—हम लोग राजकीय सैनिक हैं और राजा की आज्ञा से इन विधर्मी जैनियों का वध करने के लिए आए हैं। पर आप कौन हैं, जो महाराज चक्रवर्ती देवप्रिय अशोकदेव की आज्ञा का विरोध करने पर उद्यत हैं?

कुनाल—चक्रवर्ती अशोक! वह कितना बड़ा राजा है?

नायक—मूर्ख! क्या तू अभी तक महाराज अशोक का पराक्रम नहीं जानता, जिन्होंने अपने प्रचण्ड भुजदण्ड के बल से कलिंग विजय किया है? और, जिनकी राज्य-सीमा दक्षिण में केरल और मलयगिरि, उत्तर में सिन्धु-कोश-पर्वत, तथा पूर्व और पश्चिम में किरात-देश और पटल हैं! जिनकी मैत्री के लिए यवन-नृपति लोग उद्योग करते रहते हैं, उन महाराज को तू भलीभाँति नहीं जानता?

कुनाल—परन्तु इससे भी बड़ा कोई साम्राज्य है, जिसके लिए किसी राज्य की मैत्री की आवश्यकता नहीं है।

नायक—इस विवाद की आवश्यकता नहीं है, हम अपना काम करेंगे।

कुनाल—तो क्या तुम लोग इन अनाथ जीवों पर कुछ दया न करोगे?

इतना कहते-कहते राजकुमार को कुछ क्रोध आ गया, नेत्र लाल हो

गए। नायक उस तेजस्वी मूर्ति को देखकर एक बार फिर सहम गया।

कुनाल ने कहा—अच्छा, यदि तुम न मानोगे, तो यहाँ के शासक से जाकर कहो कि राजकुमार कुनाल तुम्हें बुला रहे हैं।

नायक सिर झुकाकर कुछ सोचने लगा। तब उसने अपने एक साथी की ओर देखकर कहा—जाओ इन बातों को कहकर, दूसरी आज्ञा लेकर जल्द आओ।

अश्वारोही शीघ्रता से नगर की ओर चला। शेष सब लोग उस स्थान पर खड़े थे।

थोड़ी देर में उसी ओर से दो अश्वारोही आते हुए दिखाई पड़े। एक तो वही था, जो भेजा गया था, और दूसरा उस प्रदेश का शासक था। समीप आते ही वह घोड़े पर से उतर पड़ा और कुनाल का अभिवादन करने के लिए आगे बढ़ा। पर कुनाल ने रोककर कहा—बस, हो चुका, मैंने आपको इसलिए कष्ट दिया है कि इन निरीह मनुष्यों की हिंसा की जा रही है।

शासक—राजकुमार! आपके पिता की आज्ञा ही ऐसी है, और आपका यह वेश क्या है?

कुनाल—इसके पूछने की कोई आवश्यकता नहीं, पर क्या तुम इन लोगों को मेरे कहने से छोड़ सकते हो?

शासक—(दुःखित होकर) राजकुमार, आपकी आज्ञा हम कैसे टाल सकते हैं, (ठहरकर) पर एक और बड़े दुःख की बात है।

कुनाल—वह क्या?

शासक ने एक पत्र अपने पास से निकालकर कुनाल को दिखलाया। कुनाल उसे पढ़कर चुप रहा, और थोड़ी देर के बाद बोला—तो तुमको इस आज्ञा का पालन अवश्य करना चाहिए।

शासक—पर यह कैसे हो सकता है?

कुनाल—जैसे हो, वह तो तुम्हें करना ही होगा।

शासक—किन्तु राजकुमार, आपके इस देव-शरीर के दो नेत्र-रत्न निकालने का बल मेरे हाथों में नहीं है। हाँ, मैं अपने इस पद का त्याग कर सकता हूँ।

कुनाल—अच्छा, तो तुम मुझे इन लोगों के साथ महाराज के समीप

भेज दो।

शासक ने कहा—जैसी आज्ञा।

❒

पौण्ड्रवर्धन नगर में हाहाकार मचा हुआ है। नगर-निवासी प्रायः उद्विग्न हो रहे हैं। पर विशेषकर जैन लोगों में ही खलबली मची हुई है। जैन रमणियाँ, जिन्होंने कभी घर के बाहर पैर भी नहीं रखा था, छोटे शिशुओं को लिए भाग रही हैं। पर जाएँ कहाँ? जिधर देखती हैं, उधर ही सशस्त्र उन्मत्त काल बौद्ध लोग उन्मत्तों की तरह दिखाई पड़ते हैं। देखो, वह स्त्री, जिसके केश परिश्रम से खुल गए—गोद का शिशु अलग मचलकर रो रहा है, थककर एक वृक्ष के नीचे बैठ गई है; अरे देखो! दुष्ट निर्दय वहाँ भी पहुँच गए, और उस स्त्री को सताने लगे।

युवती ने हाथ जोड़कर कहा—आप लोग दुःख मत दीजिए। फिर उसने एक-एक करके अपने सब आभूषण उतार दिए और वे दुष्ट उन सब अलंकारों को लेकर भाग गए। इधर वह स्त्री निद्रा से क्लान्त होकर उसी वृक्ष के नीचे सो गई।

उधर देखिए, वह एक रथा चला आ रहा है और उसके पर्दे हटकर बता रहे हैं कि उसमें स्त्री और पुरुष तीन-चार बैठे हैं। पर सारथी उस ऊँची-नीची पथरीली भूमि में भी उन लोगों की ओर बिना ध्यान दिए रथ शीघ्रता से लिए जा रहा है। सूर्य की किरणें पश्चिम में पीली हो गई हैं। चारों ओर से उस पथ में शान्ति है। केवल उसी रथ का शब्द सुनाई पड़ता है, जो अभी उत्तर की ओर चला जा रहा है।

थोड़ी ही देर में वह रथ सरोवर के समीप पहुँचा और रथ के घोड़े हाँफते हुए थककर खड़े हो गए। अब सारथी भी कुछ न कर सका और उसको रथ से नीचे उतरना पड़ा।

रथ को रुका जानकर भीतर से एक पुरुष निकला और उसने सारथी से पूछा—क्यों, तुमने रथ क्यों रोक दिया?

सारथी—अब घोड़े नहीं चल सकते।

पुरुष—तब तो फिर बड़ी विपत्ति का सामना करना होगा; क्योंकि पीछा करनेवाले उन्मत्त सैनिक आ ही पहुँचेंगे।

सारथी–तब क्या किया जाए? (सोचकर) अच्छा, आप लोग इस समीप की कुटी में चलिए, यहाँ कोई महात्मा हैं, वह अवश्य आप लोगों को आश्रय देंगे।

पुरुष ने कुछ सोचकर सब आरोहियों को रथ पर से उतारा, और वे सब लोग उसी कुटी की ओर अग्रसर हुए।

कुटी के बाहर एक पत्थर पर अधेड़ मनुष्य बैठा हुआ है, उनका परिधेय वस्त्र भिक्षुओं के समान है। रथ पर के लोग उसी के सामने जाकर खड़े हुए। उन्हें देखकर वह महात्मा बोले–आप लोग कौन हैं और क्यों आए हैं?

उसी पुरुष ने आगे बढ़कर, हाथ जोड़कर कहा–महात्मन्, हम लोग जैन हैं और महाराज अशोक की आज्ञा से जैन लोगों का सर्वनाश किया जा रहा है। अतः हम लोग प्राण के भय से भागकर अन्यत्र जा रहे हैं। पर मार्ग में घोड़े थक गए, अब ये इस समय चल नहीं सकते। क्या आप थोड़ी देर के लिए हम लोगों को आश्रय देंगे।

महात्मा थोड़ी देर सोचकर बोले–अच्छा, आप लोग इसी कुटी में चले जाइए।

स्त्री-पुरुषों ने आश्रय पाया।

अभी उन लोगों को बैठे हुए थोड़ी ही देर हुई है कि अकस्मात् अश्व-पद-शब्द ने सबको चकित और भयभीत कर दिया। देखते-देखते दस अश्वारोही उस कुटी के सामने पहुँच गए। उनमें से एक महात्मा की ओर लक्ष्य करके बोला–ओ भिक्षु, क्या तूने अपने यहाँ भागे हुए जैन विधर्मियों को आश्रय दिया है? समझ रख, तू हम लोगों से बहाना नहीं कर सकता, क्योंकि उनका रथ इस बात का ठीक पता दे रहा है।

महात्मा–सैनिको, तुम उन्हें लेकर क्या करोगे? मैंने अवश्य उन दुःखियों को आश्रय दिया है। क्यों व्यर्थ नर-रक्त से अपने हाथों को रंजित करते हो?

सैनिक अपने साथियों की ओर देखकर बोला–यह दुष्ट भी जैन ही है, ऊपरी बौद्ध बना हुआ है; इसे भी मारो।

'इसे भी मारो' का शब्द गूँज उठा, और देखते-देखते उस महात्मा का

सिर भूमि पर लोटने लगा।

इस काण्ड को देखते ही कुटी के स्त्री-पुरुष चिल्ला उठे। उन नर-पिशाचों ने एक भी न छोड़ा! सबकी हत्या कर दी।

अब सब सैनिक धन खोजने लगे। मृत स्त्री-पुरुषों के आभूषण उतारे जाने लगे। एक सैनिक, जो उस महात्मा की ओर झुका था, चिल्ला उठा। सबका ध्यान उसी ओर आकर्षित हुआ। सब सैनिकों ने देखा, उसके हाथ में एक अँगूठी है, जिस पर लिखा है 'वीताशोक'!

❑

महाराज अशोक के भाई, जिनका पता नहीं लगता था, वही 'वीताशोक' मारे गए! चारों ओर उपद्रव शान्त है। पौण्ड्रवर्धन नगर प्रशान्त समुद्र की तरह हो गया है।

महाराज अशोक पाटलिपुत्र के साम्राज्य-सिंहासन पर विचारपति होकर बैठे हैं। राजसभा की शोभा तो कहते नहीं बनती। सुवर्ण-रचित बेल-बूटों की कारीगरी से, जिनमें मणि-माणिक्य स्थानानुकूल बिठाए गए हैं—मौर्य-सिंहासन-मन्दिर भारतवर्ष का वैभव दिखा रहा है, जिसे देखकर पारसीक सम्राट् 'दारा' के सिंहासन-मन्दिर को ग्रीक लोग तुच्छ दृष्टि से देखते थे।

धर्माधिकारी, प्राड्विवाक, महामात्य, धर्ममहामात्य रज्जुक और सेनापति, सब अपने-अपने स्थान पर स्थित हैं। राजकीय तेज का सन्नाटा सबको मौन किए है।

देखते-देखते एक स्त्री और एक पुरुष उस सभा में आए। सभास्थित सब लोगों की दृष्टि को पुरुष के अवनत तथा बड़े-बड़े नेत्रों ने आकर्षित कर लिया। किन्तु सब नीरव हैं। युवक और युवती ने मस्तक झुकाकर महाराज को अभिवादन किया।

स्वयं महाराज ने पूछा—तुम्हारा नाम?

उत्तर—कुनाल।

प्रश्न—पिता का नाम?

उत्तर—महाराज चक्रवर्ती धर्माशोक।

सब लोग उत्कण्ठा और विस्मय से देखने लगे कि अब क्या होता है, पर महाराज का मुख कुछ भी विकृत न हुआ प्रत्युत और भी गम्भीर स्वर से

प्रश्न करने लगे–

प्रश्न–तुमने कोई अपराध किया है?

उत्तर–अपनी समझ से तो मैंने अपराध से बचने का उद्योग किया था।

प्रश्न–फिर तुम किस तरह अपराधी बनाए गए?

उत्तर–तक्षशिला के महासामंत से पूछिए।

महाराज की आज्ञा होते ही शासक ने अभिवादन के उपरान्त एक पत्र उपस्थित किया, जो अशोक के कर में पहुँचा।

महाराज ने क्षण-भर में महामात्य से फिरकर पूछा–यह आज्ञा-पत्र कौन ले गया था, उसे बुलाया जाए।

पत्रवाहक भी आ गया और कम्पित स्वर से अभिवादन करते हुए बोला–धर्मावतार यह पत्र मुझे महादेवी तिष्यरक्षिता के महल से मिला था और आज्ञा हुई थी कि इसे शीघ्र तक्षशिला के शासक के पास पहुँचाओ।

महाराज ने शासक की ओर देखा। उसने हाथ जोड़कर कहा–महाराज, यही आज्ञा-पत्र लेकर गया था।

महाराज ने गम्भीर होकर अमात्य से कहा–तिष्यरक्षिता को बुलाओ।

महामात्य ने कुछ बोलने की चेष्टा की किन्तु महाराज के भृकुटिभंग ने उन्हें बोलने से निरस्त किया; अब वह स्वयं उठे और चले।

❒

महादेवी तिष्यरक्षिता राजसभा में उपस्थित हुईं। अशोक ने गम्भीर स्वर से पूछा–यह तुम्हारी लेखनी से लिखा गया है? क्या उस दिन तुमने इसी कुकर्म के लिए राजमुद्रा छिपा ली थी? क्या कुनाल के बड़े-बड़े सुन्दर नेत्रों ने ही तुम्हें अपने निकलवाने की आज्ञा देने के लिए विवश किया था? अवश्य तुम्हारा ही यह कुकर्म है। अस्तु, तुम्हारी-ऐसी स्त्री को पृथ्वी के ऊपर नहीं, किन्तु भीतर रहना चाहिए।

सब लोग काँप उठे। कुनाल ने आगे बढ़ घुटने टेक दिए और कहा–क्षमा।

अशोक ने गम्भीर स्वर से कहा–नहीं।

तिष्यरक्षिता उन्हीं पुरुषों के साथ गई, जो लोग उसे जीवित समाधि

देने वाले थे। महामात्य ने राजकुमार कुनाल को आसन पर बैठाया और धर्मरक्षिता महल में गईं।

महामात्य ने एक पत्र और अँगूठी महाराज को दी। यह पौण्ड्रवर्धन के शासक का पत्र तथा वीताशोक की अँगूठी थी।

पत्र-पाठ करके और मुद्रा को देखकर वही कठोर अशोक विह्वल हो गए, और अवसन्न होकर सिंहासन पर गिर पड़े।

उसी दिन से कठोर अशोक ने हत्या की आज्ञा बन्द कर दी, स्थान-स्थान पर जीवहिंसा न करने की आज्ञा पत्थरों पर खुदवा दी गई।

कुछ ही काल के बाद महाराज अशोक ने उद्विग्न चित्त को शान्त करने के लिए भगवान् बुद्ध के प्रसिद्ध स्थानों को देखने के लिए धर्म-यात्रा की।

गुलाम

फूल नहीं खिलते हैं, बेले की कलियाँ मुरझाई जा रही हैं। समय में नीरद से सींचा नहीं, किसी माली की भी दृष्टि उस ओर नहीं घूमी; अकाल में बिना खिले कुसुम-कोरक म्लान होना ही चाहता है। अकस्मात् डूबते सूर्य की पीली किरणों की आभा से चमकता हुआ एक बादल का टुकड़ा स्वर्ण-वर्षा कर गया। परोपकारी पवन उन छींटों को ढकेलकर उन्हें एक कोरक पर लाद गया। भला इतना भार वह कैसे सह सकता है! सब ढुलककर धरती पर गिर पड़े। कोरक भी कुछ हरा हो गया।

यमुना के बीच धारा में एक छोटी, पर बहुत ही सुन्दर तरणी, मन्द पवन के सहारे धीरे-धीरे बह रही है। सामने के महल से अनेक चन्द्रमुख निकलकर उसे देख रहे हैं। चार कोमल सुन्दरियाँ डाँडे चला रही हैं, और एक बैठी हुई सितार बजा रही है। सामने एक भव्य पुरुष बैठा हुआ उसकी ओर निर्निमेष दृष्टि से देख रहा है।

पाठक! यह प्रसिद्ध शाहआलम दिल्ली के बादशाह हैं। जलक्रीड़ा हो रही है।

सांध्य-सूर्य की लालिमा जीनत-महल के अरुण मुख-मण्डल की शोभा और भी बढ़ा रही है। प्रणयी बादशाह उस आतप-मण्डित मुखारविंद की और सतृष्ण नयन से देख रहे हैं, जिस पर बार-बार गर्व और लज्जा का दुबारा रंग चढ़ता-उतरता है, और इसी कारण सितार का स्वर भी बहुत शीघ्र चढ़ता-उतरता है। संगीत, तार पर चढ़कर दौड़ता हुआ, व्याकुल होकर घूम रहा है; क्षण-भर भी विश्राम नहीं।

जीनत के मुखमण्डल पर स्वेद-बिन्दु झलकने लगे। बादशाह ने व्याकुल होकर कहा—बस करो, प्यारी जीनत! बस करो! बहुत अच्छा

बजाया, वाह, क्या बात है! साकी, एक प्याला शीराजी शर्बत!

'हुजूर आया'—कहता हुआ एक सुकुमार बालक सामने आया, हाथ में पान-पात्र था। उस बालक का मुख-कान्ति दर्शनीय था। भरा प्याला छलकना चाहता था, इधर घुँघराली अलकें उसकी आँखों पर बरजोरी एक पर्दा डालना चाहती थीं। बालक प्याले को एक हाथ में लेकर जब केश-गुच्छ को हटाने लगा, तब जीनत और शाहआलम दोनों चकित होकर देखने लगे। अलकें अलग हुईं। बेगम ने एक ठंडी साँस ली। शाहआलम के मुख से भी एक आह निकलना ही चाहती थी, पर उसे रोककर निकल पड़ा—बेगम को दो।

बालक ने दोनों हाथों से पान-पात्र जीनत की ओर बढ़ाया। बेगम ने उसे लेकर पान कर लिया।

नहीं कह सकते कि उस शर्बत ने बेगम को कुछ तरी पहुँचाई या गर्मी; किन्तु हृदय-स्पन्दन अवश्य कुछ बढ़ गया। शाहआलम ने झुककर कहा—एक और!

बालक विचित्र गति से पीछे हटा और थोड़ी देर में दूसरा प्याला लेकर उपस्थित हुआ। पान-पात्र निश्शेष कर शाहआलम ने हाथ कुछ और फैला दिया, और बालक की ओर इंगित करते हुए बोले—कादिर, जरा उँगलियाँ तो बुला दे।

बालक अदब से सामने बैठ गया और उनकी उँगलियों को हाथ में लेकर बुलाने लगा।

मालूम होता है कि जीनत को शर्बत ने कुछ ज्यादा गर्मी पहुँचाई। वह बजरे के मेहराब में से झुककर यमुना जल छूने लगी। कलेजे के नीचे एक मखमली तकिया मसली जाने लगी, या न मालूम वही कामिनी के वक्ष-स्थल को पीड़ित करने लगी।

शाहआलम की उँगलियाँ, उस कोमल बाल-रवि-कर-समान स्पर्श से, कलियों की तरह चटकने लगीं। बालक की निर्निमेष दृष्टि आकाश की ओर थी। अकस्मात् बादशाह ने कहा—मीना! ख्वाजा-सरा से कह देना कि कादिर को अपनी खास तालीम में रखें और उसके सुपुर्द कर देना।

एक डाँड चलानेवाली ने झुककर कहा—बहुत अच्छा हुजूर!

बेगम ने अपने सीने से तकिये को और दबा दिया; किन्तु वह कुछ न बोल सकी, दबकर रह गई।

❐

उपर्युक्त घटना को बहुत दिन बीत गए। गुलाम कादिर अब अच्छा युवक मालूम होने लगा। उसका उन्नत स्कन्ध, भरी-भरी बाँहें और विशाल वक्षस्थल बड़े सुहावने हो गए। किन्तु कौन कह सकता है कि वह युवक है। ईश्वरीय नियम के विरुद्ध उसका पुंसत्व छीन लिया गया है।

कादिर, शाहआलम का प्यारा गुलाम है। उसकी तूती बोल रही है, सो भी कहाँ? शाही नौकरखाने के भीतर।

दीवाने-आम में अच्छी सज-धज है। आज कोई बड़ा दरबार होने वाला है। सब पदाधिकारी अपनी योग्यतानुसार वस्त्राभूषण से सजकर अपने-अपने स्थान को सुशोभित करने लगे। शाहआलम भी तख्त पर बैठ गए। तुलादान होने के बाद बादशाह ने कुछ लोगों को मनसब बढ़ाया और कुछ को इनाम दिया। किसी को हर्बे दिए गए; किसी की पदवी बढ़ाई गई; किसी की तनख्वाह बढ़ी।

किन्तु बादशाह यह सब करके भी तृप्त नहीं दिखाई पड़ते। उनकी निगाहें किसी को खोज रही हैं। वे इशारा कर रही हैं कि उन्हीं से काम निकल जाए, रसना को बोलना न पड़े; किन्तु करें क्या? वह हो नहीं सकता था। बादशाह ने एक तरफ देखकर कहा—गुलाम कादिर!

कादिर अपने कमरे में कपड़े पहनकर तैयार है, केवल कमरबन्द में एक जड़ाऊ दस्ते की कटार लगाना बाकी है, जिसे बादशाह ने उसे प्रसन्न होकर दिया है। कटार लगाकर एक बड़े दर्पण के सामने खड़े होकर उसने देखा, अपरूप सौन्दर्य! किसका? अपना ही। सचमुच कादिर की दृष्टि अपनी आँखों पर से नहीं हटती। मुग्ध होकर वह अपना रूप देख रहा है।

उसका पुरुषोचित सुन्दर मुख-मण्डल तारुण्य-सूर्य के आतप से आलोकित हो रहा है। दोनों भरे हुए कपोल प्रसन्नता से बार-बार लाल हो जाते हैं, आँखें हँस रही हैं। सृष्टि सुन्दरतम होकर उसके सामने विकसित हो रही हैं।

प्रहरी ने आकर कहा—जहाँपनाह ने दरबार में याद किया है।

कादिर चौंक उठा और उसका रंग उतर गया। वह सोचने लगा कि उसका रूप और तारुण्य कुछ नहीं है, किसी काम का नहीं। मनुष्य की सारी सम्पत्ति उससे जबर्दस्ती छीन ली गई है।

कादिर का जीवन भार हो उठा। निरभ्र, गगन में पावसघन घिर उठे। उसका प्राण तिलमिला उठे, और वह व्याकुल होकर चाहता था कि दर्पण फोड़ दे।

क्षण-भर में सारी प्रसन्नता मिट्टी में मिल गई। जीवन दुःसह हो उठा। दाँत आपस में घिस उठे और कटार भी कमर से बाहर निकलने लगी।

कादिर कुछ शान्त हुआ। कुछ सोचकर धीरे-धीरे दरबार की ओर चला। बादशाह के सामने पहुँचकर यथोचित अभिवादन किया।

शाहआलम–कादिर! इतनी देर तक कहाँ रहा?

कादिर–जहाँपनाह! गुलाम की खता माफ हो।

शाहआलम–(हँसते हुए) खता कैसी, कादिर?

कादिर–(जलकर) हुजूर देर हुई।

शाहआलम–अच्छा, उसकी सजा दी जाएगी।

कादिर–(अदब से) लेकिन हुजूर, मेरी भी कुछ अर्ज है।

बादशाह ने पूछा–क्या?

कादिर ने कहा–मुझे यही सजा मिले कि मैं कुछ दिनों के लिए देहली से निकाल दिया जाऊँ।

शाहआलम ने कहा–ये तो बहुत बड़ी सजा है कादिर, ऐसा नहीं हो सकता। मैं तुम्हें कुछ इनाम देना चाहता हूँ, ताकि वह यादगार रहे और तुम फिर ऐसा कुसूर न करो।

कादिर ने हाथ बाँधकर कहा–हुजूर! इनाम में मुझे छुट्टी ही मिल जाए, ताकि कुछ दिनों तक मैं अपने बूढ़े बाप की खिदमत कर सकूँ।

शाहआलम–(चौंककर) उसकी खिदमत के लिए मेरी दी हुई जागीर काफी है। सहारनपुर में उसकी आराम से गुजरती है।

कादिर ने गिड़गिड़ाकर कहा–लेकिन जहाँपनाह, लड़का होकर मेरा भी कोई फर्ज है।

शाहआलम ने कुछ सोचकर कहा–अच्छा, तुम्हें रुख्सत मिली और

यादगार की तरह तुम्हें एक-हजारी मनसब अता किया जाता है, ताकि तुम वहाँ से लौट आने में फिर देर न करो।

उपस्थित लोग 'करामात', 'हुजूर का इकबाल और बुलन्द हो' की धुन मचाने लगे। गुलाम कादिर अनिच्छा रहते उन लोगों का साथ देता था, और अपनी हार्दिक प्रसन्नता प्रकट करने की कोशिश करता था।

❑

भारत के सपूत, हिन्दुओं के उज्ज्वल रत्न छत्रपति महाराज शिवाजी ने जो अध्यवसाय और परिश्रम किया, उसका परिणाम मराठों को मिला, और उन्होंने भी जब तक उस पूर्व-नीति को अच्छी तरह से माना, लाभ उठाया। शाहआलम के दरबार में क्या—भारत में—आज मराठा-वीर सिंधिया ही नायक समझा जाता है। सिंधिया की विपुल वाहिनी के बल से शाहआलम नाममात्र को दिल्ली के सिंहासन पर बैठे हैं। बिना सिंधिया के मंजूर किए बादशाह सलामत रत्ती-भर हिल नहीं सकते। सिंधिया दिल्ली और उसके बादशाह के प्रधान रक्षक हैं। शाहआलम का मुगल रक्त सर्द हो चुका है।

सिंधिया आपस में झगड़े तय करने के लिए दक्खिन चला गया है। 'मंसूर' नामक कर्मचारी ही इस समय बादशाह का प्रधान सहायक है। शाहआलम का पूरा शुभचिन्तक होने पर भी वह हिन्दू सिंधिया की प्रधानता से भीतर-भीतर जला करता था।

जला हुआ विद्रोह का झण्डा उठाए, इसी समय, गुलाम कादिर रुहेलों के साथ सहारनपुर से आकर दिल्ली के उस पार डेरा डाले पड़ा है। मंसूर उसके लिए हर तरह से तैयार है। एक बार वह भुलावे में आकर चला गया है। अबकी बार उसकी इच्छा है कि वजारत वही करे।

बूढ़े बादशाह संगमरमर के मीनाकारी किए हुए बुर्ज में गावतकिये के सहारे लेटे हुए हैं। मंसूर सामने हाथ बाँधे खड़ा है। शाहआलम ने भरी हुई आवाज में पूछा—क्यों मंसूर! क्या गुलाम कादिर सचमुच दिल्ली पर हमला करके तख्त छीनना चाहता है? क्या उसको इसीलिए हमने इस मरतबे पर पहुँचाया? क्या सबका आखिरी नतीजा यही है? बोलो, साफ कहो। रुको मत, जिसमें कि तुम बात बना सको।

मंसूर—जहाँपनाह! वह तो गुलाम है। फकत हुजूर की कदमबोसी

हासिल करने के लिए आया है। और, उसकी तो यही अर्जी है कि हमारे आका शहंशाहेहिन्द एक काफिर के हाथ की पुतली न बने रहें। अगर हुक्म दें, तो क्या यह गुलाम वह काम नहीं कर सकता?

शाहआलम–मंसूर! इसके माने?

मंसूर–बंदापरवर! वह दिल्ली की वजारत के लिए अर्ज करता है और गुलामी में हाजिर होना चाहता है। उसे तो सिंधिया से रंज है, हुजूर तो उसके मेहरबान आका हैं।

शाहआलम–(जरा तनकर) हाँ मंसूर, उसे हमने बचपन से पाला है, और इस लायक बनाया है।

मंसूर–(मन में) और उसे आपने ही, खुदगरजी से–जो काबिले-नफरत थी–दुनिया के किसी काम का न रखा, जिसके लिए वह जी से जला हुआ है।

शाहआलम–बोलो मंसूर! चुप क्यों हो गए? क्या वह एहसान-फरामोश है?

मंसूर–हुजूर! फिर, गुलाम खिदमत में बुलाया जावे?

शाहआलम–वजारत देने में मुझे कोई उज्र नहीं है। वह सँभाल सकेगा?

मंसूर–हुजूर, अगर वह न सँभाल सकेगा, तो उसको वही झेलेगा। सिंधिया खुद उससे समझ लेगा।

शाहआलम–हाँ जी, सिंधिया से कह दिया जाएगा कि लाचारी से उसको वजारत दी गई। तुम थे नहीं, उसने जबर्दस्ती वह काम अपने हाथ में लिया।

मंसूर–और इससे मुसलमान रियाया भी हुजूर से खुश हो जाएगी। तो, उसे आने का हुक्म भेज दिया जाए?

शाहआलम–बेहतर।

❐

दिल्ली के दुर्ग पर गुलाम कादिर का पूर्ण अधिकार हो गया है। बादशाह के कर्मचारियों से सब काम छीन लिया गया है। रुहेलों का किले पर पहरा है। अत्याचारी गुलाम महलों की सब चीजों को लूट रहा है। बेचारी

बेगमें अपमान के डर से पिशाच रुहेलों के हाथ, अपने हाथ से अपने आभूषण उतारकर दे रही हैं। पाशविक अत्याचार की मात्रा अब भी पूर्ण नहीं हुई। दीवाने-खास में सिंहासन पर बादशाह बैठे हैं। रुहेलों के साथ गुलाम कादिर उसे घेरकर खड़ा है।

शाहआलम–गुलाम कादिर, अब बस कर! मेरे हाल पर रहम कर, सब कुछ तूने कर लिया। अब मुझे नाहक परेशान करता है?

गुलाम–अच्छा इसी में है कि अपना छिपा खजाना बता दो।

एक रुहेला–हाँ, हाँ, हम लोगों के लिए भी तो कुछ चाहिए।

शाहआलम–कादिर! मेरे पास कुछ नहीं है। क्यों मुझे तकलीफ देता है?

कादिर–मालूम होता है, सीधी उँगली से घी नहीं निकलेगा।

शाहआलम–मैंने तुझे इस लायक इसलिए बनाया कि तू मेरी इस तरह बेइज्जती करे?

कादिर–तुम्हारे ऐसों के लिए इतनी ही सजा काफी नहीं है। नहीं देखते हो कि मेरे दिल में बदले की आग जल रही है, मुझे तुमने किस काम का रखा? हाय! मेरी सारी कार्रवाई फिजूल है, मेरा सब तुमने लूट लिया है। बदला कहता है कि तुम्हारा गोश्त मैं अपने दाँतों से नोच डालूँ।

शाहआलम–बस कादिर! मैं अपनी खता कुबूल करता हूँ। मुझे माफ कर! या तो अपने हाथों से मुझे कत्ल कर डाल! मगर इतनी बेइज्जती न कर!

गुलाम–अच्छा, वह तो किया ही जाएगा! मगर खजाना कहाँ है?

शाहआलम–कादिर! मेरे पास कुछ नहीं है!

गुलाम–अच्छा, तो उतर आयें तख्त से, देर न करें!

शाहआलम–कादिर! मैं इसी पर बैठा हूँ, जिस पर बैठकर तुझे हुक्म दिया करता था। आह, इसी जगह खंजर से मेरा काम तमाम कर दे।

'वही होगा' कहता हुआ नर-पिशाच कादिर तख्त की ओर बढ़ा। बूढ़े बादशाह को तख्त से घसीटकर नीचे ले आया और उन्हें पटककर छाती पर चढ़ बैठा। खंजर की नोंक कलेजे पर रखकर कहने लगा–अब भी अपना खजाना बताओ, तो जान सलामत बच जाएगी।

शाहआलम गिड़गिड़ाकर कहने लगे कि ऐसी जिन्दगी की जरूरत नहीं है। अब तू अपना खंजर कलेजे के पार कर!

कादिर—लेकिन इससे क्या होगा। अगर तुम मर जाओगे, तो मेरे कलेजे की आग किसे झुलसाएगी; इससे बेहतर है कि मुझसे जैसी चीज छीन ली गई है, उसी तरह की कोई चीज तुम्हारी भी ली जाए। हाँ इन्हीं आँखों से मेरी खूबसूरती देखकर तुमने मुझे दुनिया के किसी काम का न रखा। लो, मैं तुम्हारी आँखें निकालता हूँ, जिससे मेरा कलेजा कुछ ठण्डा होगा।

इतना कह कादिर ने कटार से शाहआलम की दोनों आँखें निकाल लीं। रोशनी की जगह उन गड्ढों से रक्त के फुहारे निकलने लगे। निकली हुई आँखों को कादिर की आँखें प्रसन्नता से देखने लगीं।

जहाँनारा

यमुना के किनारे वाले शाही महल में एक भयानक सन्नाटा छाया हुआ है, केवल बार-बार तोपों की गड़गड़ाहट और अस्त्रों की झनकार सुनाई दे रही है। वृद्ध शाहजहाँ मसनद के सहारे लेटा हुआ है, और एक दासी कुछ दवा का पात्र लिए हुए खड़ी है। शाहजहाँ अन्यमनस्क होकर कुछ सोच रहा है, तोपों की आवाज से कभी-कभी चौंक पड़ता है। अकस्मात् उसके मुख से निकल पड़ा नहीं-नहीं, क्या वह ऐसा करेगा, क्या हमको तख्त-ताऊस से निराश हो जाना चाहिए?

—हाँ, अवश्य निराश हो जाना चाहिए।

शाहजहाँ ने सिर उठाकर कहा—कौन? जहाँनारा? क्या यह तुम सच कहती हो?

जहाँनारा—(समीप आकर) हाँ, जहाँपनाह! यह ठीक है; क्योंकि आपका अकर्मण्य पुत्र 'दारा' भाग गया, और नमक-हराम 'दिलेर खाँ' क्रूर औरंगजेब से मिल गया, और किला उसके अधिकार में हो गया।

शाहजहाँ—लेकिन जहाँनारा! क्या औरंगजेब क्रूर है। क्या वह अपने बूढ़े बाप की कुछ इज्जत न करेगा। क्या वह मेरे जीते ही तख्त-ताऊस पर बैठेगा?

जहाँनारा—(जिसकी आँखों में अभिमान का अश्रुजल भरा था।) जहाँपनाह! आपके इसी पुत्रवात्सल्य ने आपकी यह अवस्था की। औरंगजेब एक नारकीय पिशाच है; उसका किया हुआ क्या नहीं हो सकता, एक भले कार्य को छोड़कर।

शाहजहाँ—नहीं, जहाँनारा! ऐसा मत कहो।

जहाँनारा—हाँ, जहाँपनाह! मैं ऐसा ही कहती हूँ।

शाहजहाँ—ऐसा? तो क्या जहाँनारा! इस बदन में मुगल-रक्त नहीं है? क्या तू मेरी कुछ मदद कर सकती है?

जहाँनारा—जहाँपनाह की जो आज्ञा हो।

शाहजहाँ—तो मेरी तलवार मेरे हाथ में दे। जब तक वह मेरे हाथ में रहेगी, कोईभी तख्त-ताऊस मुझसे न छुड़ा सकेगा।

जहाँनारा आवेश के साथ—'हाँ, जहाँपनाह! ऐसा ही होगा'—कहती हुई वृद्ध शाहजहाँ की तलवार उसके हाथ में देकर खड़ी हो गई। शाहजहाँ उठा और लड़खड़ाकर गिरने लगा, शाहजादी जहाँनारा ने बादशाह को पकड़ लिया, और तख्त-ताऊस के कमरे की ओर चली।

❒

तख्त-ताऊस पर वृद्ध शाहजहाँ बैठा है, और नकाब डाले जहाँनारा पास ही बैठी है, और कुछ सरदार—जो उस समय वहाँ थे—खड़े हैं; नकीब भी खड़ी है। शाहजहाँ के इशारा करते ही उसने अपने चिरभ्यस्त शब्द कहने के लिए मुँह खोला। अभी पहला ही शब्द उसके मुँह से निकला था कि उसका सिर छिटककर दूर जा गिरा! सब चकित होकर देखने लगे।

जिरहबाँतर से लदा हुआ औरंगजेब अपनी तलवार को रूमाल से पोंछता हुआ सामने खड़ा हो गया, और सलाम करके बोला—हुजूर की तबीयत नासाज सुनकर मुझसे न रहा गया; इसलिए हाजिर हुआ।

शाहजहाँ—(काँपकर) लेकिन बेटा! इतनी खूँरेजी की क्या जरूरत थी? अभी-अभी वह देखो, बुड्ढे नकीब की लाश लोट रही है। उफ! मुझसे यह नहीं देखा जाता! (काँपकर) क्या बेटा, मुझे भी....(इतना कहते-कहते बेहोश होकर तख्त से झुक गया)।

औरंगजेब—(कड़ककर अपने साथियों से) हटाओ उस नापाक लाश को!

जहाँनारा से अब न रहा गया, और दौड़कर सुगन्धित जल लेकर वृद्ध पिता के मुख पर छिड़कने लगी।

औरंगजेब—(उधर देखकर) हैं! यह कौन है, जो मेरे बूढ़े बाप को पकड़े हुए है? (शाहजहाँ के मुसाहिबों से) तुम सब बड़े नामाकूल हो; देखते नहीं, हमारे प्यारे बाप की क्या हालत है, और उन्हें अभी भी पलँग पर नहीं

लिटाया। (औरंगजेब के साथ-साथ सब तख्त की ओर बढ़े)।

जहाँनारा उन्हें यों बढ़ते देखकर फुरती से कटार निकालकर और हाथ में शाही मुहर किया हुआ कागज निकालकर खड़ी हो गई और बोली—देखो, इस परवाने के मुताबिक मैं तुम लोगों को हुक्म देती हूँ कि अपनी-अपनी जगह पर खड़े रहो, तब तक मैं दूसरा हुक्म न दूँ।

सब उसी कागज की ओर देखने लगे। उसमें लिखा था—इस शख्स का सब लोग हुक्म मानो और मेरी तरह इज्जत करो।

सब उसकी अभ्यर्थना के लिए झुक गए, स्वयं औरंगजेब भी झुक गया, और कई क्षण तक सब निस्तब्ध थे।

अकस्मात् औरंगजेब तनकर खड़ा हो गया और कड़ककर बोला—गिरफ्तार कर लो इस जादूगरनी को। यह सब झूठा फिसाद है, हम सिवा शहंशाह के और किसी को नहीं मानेंगे।

सब लोग उस औरत की ओर बढ़े। जब उसने यह देखा, तब फौरन अपना नकाब उलट दिया। सब लोगों ने सिर झुका दिया, और पीछे हट गए, औरंगजेब ने एक बार फिर सिर नीचे कर लिया और कुछ बड़बड़ाकर जोर से बोला—कौन, जहाँनारा, तुम यहाँ कैसे?

जहाँनारा—औरंगजेब! तुम यहाँ कैसे?

औरंगजेब—(पलटकर अपने लड़के की तरफ देखकर) बेटा! मालूम होता है कि बादशाह-बेगम का कुछ दिमाग बिगड़ गया है, नहीं तो इस बेशर्मी के साथ इस जगह पर न आतीं। तुम्हें इनकी हिफाजत करनी चाहिए।

जहाँनारा—और औरंगजेब के दिमाग को क्या हुआ है, जो वह अपने बाप के साथ बेअदबी से पेश आया....

अभी इतना उसके मुँह से निकला ही था कि शहजादे ने फुरती से उसके हाथ से कटार निकाल लिया और कहा—मैं अदब के साथ कहता हूँ कि आप महल में चलें, नहीं तो....

जहाँनारा से यह देखकर न रहा गया। रमणी-सुलभ वीर्य और अस्त्र-क्रन्दन और अश्रु का प्रयोग उसने किया और गिड़गिड़ाकर औरंगजेब से बोली—क्यों औरंगजेब! तुमको कुछ भी दया नहीं है?

औरंगजेब ने कहा—दया क्यों नहीं है बादशाह-बेगम! दारा जैसे तुम्हारा भाई था, वैसे ही मैं भी तो भाई ही हूँ, फिर तरफदारी क्यों?

जहाँनारा—वह तो बाप का तख्त नहीं लेना चाहता था, उसके हुक्म से सल्तनत का काम चलाता था।

औरंगजेब—तो क्या मैं यह काम नहीं कर सकता? अच्छा, बहस की जरूरत नहीं है। बेगम को चाहिए कि वह महल में जाएँ।

जहाँनारा कातर दृष्टि से वृद्ध मूर्च्छित पिता को देखती हुई शाहजादे की बताई राह से जाने लगी।

❑

यमुना के किनारे एक महल में शाहजहाँ पलँग पर पड़ा है, और जहाँनारा उसके सिरहाने बैठी हुई है।

जहाँनारा से औरंगजेब ने पूछा कि वह कहाँ रहना चाहती है, तब उसने केवल अपने वृद्ध और हतभागे पिता के साथ रहना स्वीकार किया, और अब वह साधारण दासी के वेश में अपना जीवन अपने अभागे पिता की सेवा में व्यतीत करती है।

वह भड़कदार शाही पेशवाज अब उसके बदन पर नहीं दिखाई पड़ते, केवल सादे वस्त्र ही उसके प्रशान्त मुख की शोभा बढ़ाते हैं। चारों ओर उस शाही महल में एक शान्ति दिखलाई पड़ती है। जहाँनारा ने, जो कुछ उसके पास थे, सब सामान गरीबों को बाँट दिए; और अपने निज के बहुमूल्य अलंकार भी उसने पहनने छोड़ दिए। अब वह एक तपस्विनी ऋषिकन्या-सी हो गई! बात-बात पर दासियों पर वह झिड़की उसमें नहीं रही। केवल आवश्यक वस्तुओं से अधिक उसके रहने के स्थान में और कुछ नहीं है।

वृद्ध शाहजहाँ ने लेटे-लेटे आँख खोलकर कहा—बेटी, अब दवा की कोई जरूरत नहीं है, यादे-खुदा ही दवा है। अब तुम इसके लिए मत कोशिश करना।

जहाँनारा ने रोकर कहा—पिता, जब तक शरीर है, तब तक उसकी रक्षा करनी ही चाहिए।

शाहजहाँ कुछ न बोलकर चुपचाप पड़े रहे। थोड़ी देर तक जहाँनारा बैठी रही; फिर उठी और दवा की शीशियाँ यमुना के जल में फेंक दीं।

थोड़ी देर तक वहीं बैठी-बैठी वह यमुना का मंद प्रवाह देखती रही। सोचती थी कि यमुना का प्रवाह वैसा ही है, मुगल साम्राज्य भी तो वैसा ही है; वह शाहजहाँ भी जो जीवित है, लेकिन तख्त-ताऊस पर तो वह नहीं बैठते।

इसी सोच-विचार में वह तब तक बैठी रही थी, जब तक चन्द्रमा की किरणें उसके मुख पर नहीं पड़ीं।

❑

शाहजादी जहाँनारा तपस्विनी हो गई है। उसके हृदय में वह स्वाभाविक तेज अब नहीं है, किन्तु एक स्वर्गीय तेज से वह कान्तिमयी थी। उसकी उदारता पहले से भी बढ़ गई। दीन और दुःखी के साथ उसकी ऐसी सहानुभूति थी कि लोग उसे 'मूर्तिमती-करुणा' मानते थे। उसकी इस चाल से पाषाण-हृदय औरंगजेब भी विचलित हुआ। उसकी स्वतन्त्रता जो छीन ली गई थी, उसे फिर मिली। पर अब स्वतन्त्रता का उपभोग करने के लिए अवकाश ही कहाँ था? पिता की सेवा और दुःखियों के प्रति सहानुभूति करने से उसे समय ही नहीं था। जिसकी सेवा के लिए सैकड़ों दासियाँ हाथ बाँधकर खड़ी रहती थीं, वह स्वयं दासी की तरह अपने पिता की सेवा करती हुई अपना जीवन व्यतीत करने लगी। वृद्ध शाहजहाँ के इंगित करने पर उसे उठाकर बैठाती और सहारा देकर कभी-कभी यमुना के तट तक उसे ले जाती और उसका मनोरंजन करती हुई छाया-सी बनी रहती।

वृद्ध शाहजहाँ ने इहलोक की लीला पूरी की। अब जहाँनारा को संसार में कोई काम नहीं है। केवल इधर-उधर उसी महल में घूमना भी अच्छा नहीं मालूम होता। उसकी पूर्व स्मृति और भी उसे सताने लगी। धीरे-धीरे वह बहुत क्षीण हो गई। बीमार पड़ी। पर, दवा कभी न पी। धीरे-धीरे उसकी बीमारी बहुत बढ़ी और उसकी दशा बहुत खराब हो गई, जब औरंगजेब ने सुना। तब उससे भी सहन न हो सका। वह जहाँनारा को देखने के लिए गया।

एक पुराने पलँग पर, जीर्ण बिछौने पर, जहाँनारा पड़ी थी और केवल एक धीमी साँस चल रही थी। औरंगजेब ने देखा कि वह जहाँनारा जिसके लिए भारतवर्ष की कोई वस्तु अलभ्य नहीं थी, जिसके बीमार पड़ने पर

शाहजहाँ व्यग्र हो जाता था और सैंकड़ों हकीम उसे आरोग्य करने के लिए प्रस्तुत रहते थे—वह इस तरह एक कोने में पड़ी है!

पाषाण भी पिघला, औरंगजेब की आँखें आँसुओं से भर आईं और वह घुटनों के बल बैठ गया। जहाँनारा के समीप मुँह ले जाकर बोला—बहिन, कुछ हमारे लिए हुक्म है?

जहाँनारा ने अपनी आँखें खोल दीं और एक पुरजा उसके हाथ में दिया, जिसे झुककर औरंगजेब ने लिया। फिर पूछा—बहिन, क्या तुम हमें माफ करोगी?

जहाँनारा ने खुली हुई आँखों को आकाश की ओर उठा दिया। उस समय उनमें से एक स्वर्गीय ज्योति निकल रही थी और वह वैसे ही देखती की देखती रह गई। औरंगजेब उठा और उसने आँसू पोंछते हुए पुरजे को पढ़ा। उसमें लिखा था—

बगैर सब्जः न पोशद कसे मजार मरा।
कि कब्रपोश गरीबाँ हमीं गयाह बसस्त।।

मदन-मृणालिनी

विजयादशमी का त्योहार समीप है, बालक लोग नित्य रामलीला होने से आनन्द में मग्न हैं।

हाथ में धनुष और तीर लिए एक छोटा-सा बालक रामचन्द्र बनने की तैयारी में लगा हुआ है। चौदह वर्ष का बालक बहुत ही सरल और सुन्दर है।

खेलते-खेलते बालक को भोजन की याद आई। फिर कहाँ राम बनना और कहाँ रामलीला। चट धनुष फेंककर दौड़ता हुआ माता के पास जा पहुँचा और उस ममता-मोहमयी माता के गले से लिपटकर—माँ! खाने को दे, माँ! खाने को दे—कहता हुआ जननी के चित्त को आनन्दित करने लगा।

जननी बालक का मचलना देखकर प्रसन्न हो रही थी और थोड़ी देर तक बैठी रहकर और भी मचलना देखना चाहती थी। उसके यहाँ एक पड़ोसन बैठी थी, अतएव वह एकाएक उठकर बालक को भोजन देने में असमर्थ थी। सहज ही असन्तुष्ट हो जानेवाली पड़ोस की स्त्रियों का सहज क्रोधमय स्वभाव किसी से छिपा न होगा। यदि वह तत्काल उठकर चली जाती, तो पड़ोसिन क्रुद्ध होती। अतः वह उठकर बालक कको भोजन देने में आनाकानी करने लगी। बालक का मचलना और भी बढ़ चला। धीरे-ध ीरे वह क्रोधित हो गया, दौड़कर अपनी कमान उठा लाया; तीर चढ़ाकर पड़ोसिन को लक्ष्य किया और कहा—तू यहाँ से जा, नहीं तो मैं मारता हूँ।

दोनों स्त्रियाँ केवल हँसकर उसको मना करती रहीं। अकस्मात् वह तीर बालक के हाथ से छूट पड़ा और पड़ोसिन की गर्दन में धँस गया! अब क्या था, वह अर्जुन और अश्वत्थामा का पाशुपतास्त्र हो गया। बालक की माँ बहुत घबरा गई, उसने अपने हाथ से तीर निकाला, उसके रक्त को धोया, बहुत ढाँढस दिया। किन्तु घायल स्त्री का चिल्लाना-कराहना सहज में

थमने वाला नहीं था।

बालक की माँ विधवा थी, कोई उसका रक्षक न था। जब उसका पति जीता था, तब तक उसका संसार अच्छी तरह चलता था, अब जो कुछ पूँजी बच रही थी, उसी में वह अपना समय बिताती थी। ज्यों-त्यों करके उसने चिर-संरक्षित धन में से पचीस रुपए उस घायल स्त्री को दिए।

वह स्त्री किसी से यह बात न कहने का वादा करके अपने घर गई। परन्तु बालक का पता नहीं, वह डर के मारे घर से निकल किसी ओर भाग गया।

माता ने समझा कि पुत्र कहीं डर से छिपा होगा, शाम तक आ जाएगा। धीरे-धीरे संध्या-पर-संध्या, सप्ताह-पर-सप्ताह, मास-पर-मास बीतने लगे; परन्तु बालक का कहीं पता नहीं। शोक से माता का हृदय जर्जर हो गया, वह चारपाई पर लग गई। चारपाई ने भी उसका ऐसा अनुराग देखकर उसे अपना लिया और फिर वह उस पर से न उठ सकी। बालक को अब कौन पूछने वाला है!

❒

कलकत्ता-महानगरी के विशाल भवनों तथा राजमार्गों को आश्चर्य से देखता हुआ एक बालक एक सुसज्जित भवन के सामने खड़ा है। महीनों कष्ट झेलता, राह चलता, थकता हुआ बालक यहाँ पहुँचा है।

बालक थोड़ी देर तक यही सोचता था कि अब मैं क्या करूँ, किससे अपने कष्ट की कथा कहूँ। इतने में वहाँ धोती-कमीज पहने हुए एक सभ्य बंगाली महाशय का आगमन हुआ।

उस बालक की चौड़ी हड्डी, सुडौल बदन और सुन्दर चेहरा देखकर बंगाली महाशय रुक गए और उसे एक विदेशी समझकर पूछने लगे–

–तुम्हारा मकान कहाँ है?

–ब....में।

–तुम यहाँ कैसे आए?

–भागकर।

–नौकरी करोगे?

–हाँ।

—अच्छा, हमारे साथ चलो।

बालक ने सोचा कि सिवा काम के और क्या करना है, तो फिर इनके साथ ही उचित है। कहा—अच्छा, चलिए।

बंगाली महाशय उस बालक को घुमाते-फिराते एक मकान के द्वार पर पहुँचे। दरबान ने उठकर सलाम किया। वह बालक सहित एक कमरे में पहुँचे, जहाँ एक नवयुवक बैठा हुआ कुछ लिख रहा था, सामने बहुत से कागज इधर-उधर बिखरे पड़े थे।

युवक ने बालक को देखकर पूछा—बाबूजी, यह बालक कौन है?

—यह नौकरी करेगा, तुमको एक आदमी की जरूरत थी ही, सो इसको हम लिवा लाए हैं, अपने साथ रखो—बाबूजी यह कहकर घर के दूसरे भाग में चले गए थे।

युवक के कहने पर बालक भी अचकचाता हुआ बैठ गया। उनमें इस तरह बातें होने लगीं—

युवक—क्यों जी, तुम्हारा नाम क्या है?

बालक—(कुछ सोचकर) मदन।

युवक—नाम तो बड़ा अच्छा है। अच्छा, कहो, तुम क्या खाओगे? रसोई बनाना जानते हो?

बालक—रसोई बनाना तो नहीं जानते। हाँ, कच्ची-पक्की जैसी हो, बनाकर खा लेते हैं, किन्तु....

—अच्छा संकोच करने की कोई जरूरत नहीं है—इतना कहकर युवक ने पुकारा—कोई है?

एक नौकर दौड़कर आया—हुजूर, क्या हुक्म है?

युवक ने कहा—इनको भोजन कराने को ले जाओ।

भोजन के उपरान्त बालक युवक के पास आया। युवक ने एक घर दिखाकर कहा कि उस सामने की कोठरी में सोओ और उसे अपने रहने का स्थान समझो।

युवक की आज्ञा के अनुसार बालक उस कोठरी में गया, देखा तो एक साधारण-सी चौकी पड़ी है; एक घड़े में जल, लोटा और गिलास भी रखा हुआ है। वह चुपचाप चौकी पर लेट गया।

लेटने पर उसे बहुत-सी बातें याद आने लगीं, एक-एक करके उसे भावना के जाल में फँसाने लगीं। बाल्यावस्था के साथी, उनके साथ खेलकूद, राम-रावण की लड़ाई, फिर उस विजयादशमी के दिन की घटना, पड़ोसिन के अंग में तीर का धँस जाना, माता की व्याकुलता, और मार्ग कष्ट को सोचते-सोचते उस भयातुर बालक की विचित्र दशा हो गई!

मनुष्य की मिमियाई निकालने वाली द्वीप-निवासिनी जातियों की भयानक कहानियाँ, जिन्हें उसने बचपन में माता की गोद में पड़े-पड़े सुना था, उसे और भी डराने लगीं। अकस्मात्, उसके मस्तिष्क को उद्वेग से भर देने वाली यह बात भी समा गई कि—ये लोग तो मुझे नौकर बनाने के लिए अपने यहाँ लाए थे, फिर इतने आराम से क्यों रखा है? हो-न-हो वही टापू वाली बात है। बस, फिर कहाँ की नींद और कहाँ का सुख, करवटें बदलने लगा! मन में यही सोचता था कि यहाँ से किसी तरह भाग चलो।

परन्तु निद्रा भी कैसी प्यारी वस्तु है। घोर दुःख के समय भी मनुष्य को यही सुख देती है। सब बातों से व्याकुल होने पर भी वह कुछ देर के लिए सो गया।

❑

मदन उसी घर में रहने लगा। अब उसे उतनी घबराहट नहीं मालूम होती। अब वह निर्भय-सा हो गया है। किन्तु अभी तक यह बात कभी-कभी उसे उधेड़ बुन में लगा देती है कि ये लोग मुझसे इतना अच्छा बर्ताव क्यों करते हैं और क्यों इतना सुख देते हैं। पर इन बातों को वह उस समय भूल जाता है, जब 'मृणालिनी' उसकी रसोई बनवाने लगती है—देखो, रोटी जलती है, उसे उलट दो, दाल भी चला दो—इत्यादि बातें जब मृणालिनी के कोमल कंठ से वीणा की झंकार के समान सुनाई देती हैं, तब वह अपना दुःख—माता की सोच—सब भूल जाता है।

मदन है तो अबोध, किन्तु संयुक्त प्रान्तवासी होने के कारण स्पृश्यास्पृश्य का उसे बहुत ध्यान रहता है। वह दूसरे का बनाया भोजन नहीं करता है। अतएव मृणालिनी आकर उसे बताती है और भोजन के समय हवा भी करती है।

मृणालिनी गृहस्वामी की कन्या है। वह देवबाला-सी जान पड़ती है।

बड़ी-बड़ी आँखें, उज्ज्वल कपोल, मनोहर अंगभंगी, गुल्फविलंबित केश-कलाप उसे और भी सुन्दरी बनने में सहायता दे रहे हैं। अवस्था तेरह वर्ष की है; किन्तु वह बहुत गम्भीर है।

नित्य साथ होने से दोनों में अपूर्व भाव का उदय हुआ है। बालक का मुख जब आग की आँच से लाल तथा आँखें धुएँ के कारण आँसुओं से भर जाती हैं, तब बालिका आँखों में आँसू भरकर, रोषपूर्वक पंखी फेंककर कहती है—लो जी, इससे काम लो, क्यों व्यर्थ परिश्रम करते हो? इतने दिन तुम्हें रसोई बनाते हुए, मगर बनाना न आया!

तब मदन आँच लगने के सारे दुःख भूल जाता है—तब उसकी तृष्णा और बढ़ जाती है; भोजन रहने पर भी भूख सताती है। और सताया जाकर भी वह हँसने लगता है। मन-ही-मन सोचता, मृणालिनी! तुम बंग-महिला क्यों हुईं।

मदन के मन में यह बात उत्पन्न क्यों हुई? दोनों सुन्दर थे, दोनों ही किशोर थे, दोनों संसार से अनभिज्ञ थे, दोनों के हृदय में रक्त था—उच्छ्वास था—आवेग था—विकास था, दोनों के हृदय-सिन्धु में किसी अपूर्व चन्द्र का मधुर-उज्ज्वल प्रकाश पड़ता था, दोनों के हृदय-कानन में नन्दन-पारिजात खिला था!

❒

जिस परिवार में बालक मदन पलता था, उसके मालिक हैं अमरनाथ बनर्जी, आपके नवयुवक पुत्र का नाम है किशोरनाथ बनर्जी, कन्या का नाम मृणालिनी और गृहिणी का नाम हीरामणि है। बम्बई और कलकत्ता, दोनों स्थानों में, आपकी दुकानें थीं, जिनमें बाहरी चीजों का क्रय-विक्रय होता था; विशेष काम मोती के बनिज का था। आपका ऑफिस सीलोन में था; वहाँ से मोती की खरीद होती थी। आपकी कुछ जमीन भी वहाँ थी। उससे आपकी बड़ी आय थी। आप प्रायः अपनी बम्बई की दुकान में और परिवार कलकत्ते में रहता था। धन अपार था, किसी चीज की कमी न थी। तो भी आप एक प्रकार से चिन्तित थे!

संसार में कौन चिन्ताग्रस्त नहीं है? पशु-पक्षी, कीट-पतंग, चेतन और अचेतन, सभी को किसी-न-किसी प्रकार की चिन्ता है। जो योगी हैं, जिन्होंने

सबकुछ त्याग दिया है, संसार जिनके वास्ते असार है, उन्होंने भी स्वीकार किया है। यदि वे आत्मचिन्तन न करें, तो उन्हें योगी कौन कहेगा?

किन्तु बनर्जी महाशय की चिन्ता का कारण क्या है? सो पति-पत्नी की इस बातचीत से ही विदित हो जाएगा–

अमरनाथ–किशोर क्वाँरा ही रहना चाहता है। अभी तक उसकी शादी कहीं पक्की नहीं हुई।

हीरामणि–सीलोन में आपके व्यापार करने तथा रहने से समाज को दूसरी ही दृष्टि से देख रहा है।

अमरनाथ–ऐसे समाज की मुझे कुछ परवाह नहीं है। मैं तो केवल लड़की और लड़के का ब्याह अपनी जाति में करना चाहता था। क्या टापुओं में जाकर लोग पहले बनिज नहीं करते थे? मैंने कोई अन्य धर्म तो ग्रहण नहीं किया, फिर यह व्यर्थ का आडम्बर क्यों है? और यदि, कोई खान-पान का दोष दे, तो क्या यहाँ पर तिलक कर पूजा करनेवाले लोगों से होटल बचा हुआ है?

हीरामणि–फिर क्या कीजिएगा? समाज तो इस समय केवल उन्हीं बगला-भगतों को परम धार्मिक समझता है!

अमरनाथ–तो फिर अब मैं ऐसे समाज को दूर ही से हाथ जोड़ता हूँ।

हीरामणि–तो ये लड़के-लड़की क्वाँरे ही रहेंगे?

अमरनाथ–नहीं, अब हमारी यह इच्छा है कि तुम सबको लेकर उसी जगह चलें। यहाँ कई वर्ष रहते भी हुए किन्तु कार्य सिद्ध होने की कुछ भी आशा नहीं है, तो फिर अपना व्यापार क्यों नष्ट होने दें? इसलिए, अब तुम सबको वहीं चलना होगा। न होगा तो ब्राह्म हो जाएँगे, किन्तु यह उपेक्षा अब सही नहीं जाती।

❑

मदन, मृणालिनी के संगम से बहुत ही प्रसन्न है। सरला मृणालिनी भी प्रफुल्लित है। किशोरनाथ भी उसे बहुत प्यार करता है, प्रायः उसी को साथ लेकर हवा खाने के लिए जाता है। दोनों में बहुत ही सौहार्द्र है। मदन भी बाहर किशोरनाथ के साथ और घर आने पर मृणालिनी की प्रेममयी वाणी से आप्यायित रहता है।

मदन का समय सुख से बीतने लगा। किन्तु बनर्जी महाशय के सपरिवार बाहर जाने की बातों ने एक बार उसके हृदय को उद्वेगपूर्ण बना दिया। वह सोचने लगा कि मेरा क्या परिणाम होगा, क्या मुझे भी चलने के लिए आज्ञा देंगे? और यदि ये चलने के लिए कहेंगे, तो मैं क्या करूँगा? इनके साथ जाना ठीक होगा या नहीं?

इन सब बातों को वह सोचता ही था कि इतने में किशोरनाथ ने अकस्मात् आकर उसे चौंका दिया। उसने खड़े होकर पूछा—कहिए, आप लोग किस सोच-विचार में पड़े हुए हैं? कहाँ जाने का विचार है?

—क्यों, क्या तुम न चलोगे?

—कहाँ?

—जहाँ हम लोग जाएँ।

—वही तो पूछता हूँ कि आप लोग कहाँ जाएँगे?

—सीलोन!

—तो मुझसे भी आप वहाँ चलने के लिए कहते हैं?

—इसमें तुम्हारी हानि ही क्या है?

—(यज्ञोपवीत दिखाकर) इसकी ओर भी तो ध्यान कीजिए!

—तो क्या समुद्र-यात्रा तुम नहीं कर सकते?

—सुना है कि वहाँ जाने से धर्म नष्ट हो जाता है!

—क्यों? जिस तरह तुम यहाँ भोजन बनाते हो, उसी तरह वहाँ भी बनाना।

—जहाज पर भी चढ़ना होगा!

—उसमें हर्ज ही क्या है? लोग गंगासागर और जगन्नाथजी जाते समय जहाज पर नहीं चढ़ते?

मदन अब निरुत्तर हुआ; किन्तु उत्तर सोचने लगा। इतने ही में उधर से मृणालिनी आती हुई दिखाई पड़ी। मृणालिनी को देखते ही उसके विचार रूपी मोतियों को प्रेम-हंस ने चुग लिया और उसे उसकी बुद्धि और भी भ्रमपूर्ण जान पड़ने लगी।

मृणालिनी ने पूछा—क्यों मदन, तुम बाबा के साथ न चलोगे?

जिस तरह वीणा की झंकार से मस्त होकर मृग स्थिर हो जाता है,

अथवा मनोहर वंशी की तान से झूमने लगता है, वैसे ही मृणालिनी के मधुर स्वर में मुग्ध मदन ने कह दिया—क्यों न चलूँगा।

□

सारा संसार घड़ी-घड़ी-भर पर, पल-पल-भर पर, नवीन-सा प्रतीत होता है और इससे उस विश्वयन्त्र को बनाने वाले स्वतन्त्र की बड़ी भारी निपुणता का पता लगता है; क्योंकि नवीनता की यदि रचना न होती, तो मानव-समाज को यह संसार और ही तरह का भाषित होता। फिर उसे किसी वस्तु की चाह न होती, इतनी तरह के व्यावहारिक पदार्थों की कुछ भी आवश्यकता न होती। समाज, राज्य और धर्म के विशेष परिवर्तन-रूपी पट में इसकी मनोहर मूर्ति और भी सलोनी दीख पड़ती है। मनुष्य बहुप्रेमी क्यों हो जाता है? मानवों की प्रवृत्ति क्यों दिन-रात बदला करती है! नगर-निवासियों को पहाड़ी घाटियाँ क्यों सौन्दर्यमयी प्रतीत होती हैं? विदेश-पर्यटन में क्यों मनोरंजन होता है? मनुष्य क्यों उत्साहित होता है? इत्यादि प्रश्नों के उत्तर में केवल यही कहा जा सकता है कि नवीनता की प्रेरणा!

नवीनता वास्तव में ऐसी ही वस्तु है कि जिससे मदन को भारत से सीलोन तक पहुँच जाना कुछ कष्टकर न हुआ।

विशाल सागर के वक्षस्थल पर दानव-राज की तरह वह जहाज अपनी चाल और उसकी शक्ति दिखा रहा है। उसे देखकर मदन को द्रोपदी और पांडवों को लादे हुए घटोत्कच का ध्यान आता था।

उत्ताल तरंगों की कल्लोल-माला अपना अनुपम दृश्य दिखा रही है। चारों ओर जल-ही-जल है, चन्द्रमा अपने पिता की गोद में क्रीड़ा करता हुआ आनन्द दे रहा है। अनन्त सागर में अनन्त आकाश-मण्डल के असंख्य नक्षत्र अपने प्रतिबिम्ब दिखा रहे हैं।

मदन तीन-चार बरस में युवक हो गया है। उसकी भावुकता बढ़ गई थी। वह समुद्र का सुन्दर दृश्य देख रहा था। अकस्मात् एक प्रकाश दिखाई देने लगा। वह उसी को देखने लगा।

उस मनोहर अरुण का प्रकाश नील जल को भी आरक्तिम बनाने की चेष्टा करने लगा। चंचल तरंगों की लहरियाँ सूर्य की किरणों से क्रीड़ा करने लगीं। मदन उस अनन्त समुद्र को देखकर डरा नहीं किन्तु अपने प्रेममय

हृदय का एक जोड़ा देखकर और भी प्रसन्न हो वह निर्भीक हृदय से उन लोगों के साथ सीलोन पहुँचा।

❐

अमरनाथ के विशाल भवन में रहने से मदन भी बड़ा ही प्रसन्न है। मृणालिनी और मदन उसी प्रकार से मिलते-जुलते हैं, जैसे कलकत्ते में मिलते-जुलते थे। लवण-महासमुद्र की महिमा दोनों ही को मनोहर जान पड़ती है। प्रशान्त महासागर के तट की संध्या दोनों के नेत्रों को ध्यान में लगा देती है। डूबते हुए सूर्यदेव देव-तुल्य हृदयों को संसार की गति दिखलाते हैं, अपने राग की आभा उन प्रभातमय हृदयों पर डालते हैं, दोनों ही सागर-तट पर खड़े सिंधु की तरंग-भंगियों को देखते हैं; फिर भी दोनों ही दोनों की मनोहर अंग-भंगियों में भूले हुए हैं।

महासमुद्र के तट पर बहुत समय तक खड़े होकर मृणालिनी और मदन उस अनन्त का सौन्दर्य देखते थे। अकस्मात् बैंड का सुरीला राग सुनाई दिया, जो कि सिंधुगर्जन को भी भेदकर निकलता था।

मदन, मृणालिनी—दोनों एकाग्रचित्त हो उस ओजस्विनी कविवाणी को जातीय संगीत में सुनने लगे। किन्तु वहाँ कुछ दिखाई न दिया। चकित होकर वे सुन रहे थे। प्रबल वायु भी उत्ताल तरंगों को हिलाकर उनको डराता हुआ उसी की प्रतिध्वनि करता था। मन्त्र-मुग्ध के समान सिंधु भी अपनी तरंगों के घात-प्रतिघात पर चिढ़कर उन्हीं शब्दों को दुहराता है। समुद्र को स्वीकार करते देखकर अनन्त आकाश भी उसी की प्रतिध्वनि करता है।

धीरे-धीरे विशाल सागर के हृदय को फाड़ता हुआ एक जंगी जहाज दिखाई पड़ा। मदन और मृणालिनी, दोनों ही, स्थिर दृष्टि से उसकी ओर देखते रहे। जहाज अपनी जगह पर ठहरा और इधर पोर्ट-संरक्षक ने उस पर सैनिकों के उतरने के लिए यथोचित प्रबन्ध किया।

समुद्र की गम्भीरता, संध्या की निस्तब्धता और बैंड के सुरीले राग ने दोनों के हृदयों को सम्मोहित कर लिया, और वे इन्हीं सब बातों की चर्चा करने लग गए।

मदन ने कहा—मृणालिनी, यह बाजा कैसा सुरीला है?

मृणालिनी का ध्यान टूटा। सहसा उसके मुख से निकला—तुम्हारे

कल-कंठ से अधिक नहीं है।

इसी तरह दिन बीतने लगे। मदन को कुछ काम नहीं करना पड़ता था। जब कभी उसका जी चाहता, तब वह महासागर के तट पर जाकर प्रकृति की सुषमा को निरखता और उसी में आनन्दित होता था। वह प्रायः गोता लगाकर मोती निकालने वालों की ओर देखा करता और मन-ही-मन उनकी प्रशंसा किया करता था।

मदन का मालिक भी उसको कभी कोई काम करने के लिए आज्ञा नहीं देता था। वह उसे बैठा देखकर मृणालिनी के साथ घूमने के लिए जाने की आज्ञा देता था। उसका स्वभाव ही ऐसा सरल था कि सभी सहवासी उससे प्रसन्न रहते थे, वह भी उनसे खूब हिल-मिलकर रहता था।

❐

संसार भी बड़ा प्रपंचमय यन्त्र है। वह अपनी मनोहरता पर आप ही मुग्ध रहता है।

एक एकान्त कमरे में बैठे हुए मृणालिनी और मदन ताश खेल रहे हैं, दोनों जी-जान से अपने-अपने जीतने की कोशिश कर रहे हैं।

इतने ही में सहसा अमरनाथ बाबू उस कोठरी में आए। उनके मुख-मण्डल पर क्रोध झलकता था। वह आते ही बोले—क्यों रे दुष्ट! तू बालिका को फुसला रहा है।

मदन तो सुनकर सन्नाटे में आ गया। उसने नम्रता के साथ होकर पूछा—क्यों पिता, मैंने क्या किया है?

अमरनाथ—अभी पूछता ही है! तू इस लड़की को बहकाकर अपने साथ लेकर दूसरी जगह भागना चाहता है?

मदन—बाबूजी, यह आप क्या कह रहे हैं? मुझ पर आप इतना अविश्वास कर रहे हैं? किसी दुष्ट ने आपसे झूठी बात कही है।

अमरनाथ—अच्छा, तुम यहाँ से चलो और अब से तुम दूसरी कोठरी में रहा करो। मृणालिनी को और तुमको अगर हम एक जगह देख पाएँगे तो समझ रखो—समुद्र के गर्भ में ही तुमको स्थान मिलेगा।

मदन अमरनाथ बाबू के पीछे चला। मृणालिनी मुरझा गई, मदन के ऊपर अपवाद लगाना उसके सुकुमार हृदय से सहा नहीं गया। वह नव-कुसुमित

पददलित आश्रय-विहीन माधवी-लता के समान पृथ्वी पर गिर पड़ी और लोट-लोटकर रोने लगी।

मृणालिनी ने दरवाजा भीतर से बंद कर लिया और वहीं लोटती हुई आँसुओं से हृदय की जलन को बुझाने लगी।

कई घण्टे के बाद जब उसकी माँ ने जाकर किवाड़ खुलवाए, उस समय उसकी रेशमी साड़ी का आँचल भीगा हुआ, उसका मुख सूखा हुआ और आँखें लाल-लाल हो आई थीं। वास्तव में वह मदन के लिए रोई थी। इसी से उसकी यह दशा हो गई। सचमुच संसार बड़ा प्रपंचमय है।

❐

दूसरे घर में रहने से मदन बहुत घबड़ाने लगा। वह अपना मन बहलाने के लिए कभी-कभी समुद्र-तट पर बैठकर गद्गद् हो सूर्य-भगवान का पश्चिम दिशा से मिलना देखा करता था; और जब तक वह अस्त न हो जाते थे, तब तक बराबर टकटकी लगाए देखता था। वह अपने चित्त में अनेक कल्पना की लहरें उठाकर समुद्र और अपने हृदय की तुलना भी किया करता था।

मदन का अब इस संसार में कोई नहीं है। माता भारत में जीती है या मर गई—यह भी बेचारे को नहीं मालूम! संसार की मनोहरता, आशा की भूमि, मदन के जीवन-स्रोत का जल, मदन के हृदय-कानन का अपूर्व पारिजात, मदन के हृदय-सरोवर की मनोहर मृणालिनी भी अब उससे अलग कर दी गई है। जननी, जन्मभूमि, प्रिय, कोई भी तो मदन के पास नहीं है! इसी से उसका हृदय आलोड़ित होने लगा, और वह अनाथ बालक ईर्ष्या से भरकर अपने अपमान की ओर ध्यान देने लगा। उसको भलीभाँति विश्वास हो गया कि इस परिवार के साथ रहना ठीक नहीं है। जब इन्होंने मेरा तिरस्कार किया, तो अब इन्हीं के आश्रित होकर क्यों रहूँ?

यह सोचकर उसने अपने चित्त में कुछ निश्चय किया और कपड़े पहनकर समुद्र की ओर घूमने के लिए चल पड़ा। राह में वह अपनी उधेड़-बुन में चला जाता था कि किसी ने पीठ पर हाथ रखा। मदन ने पीछे देखकर कहा—ओह, आप हैं, किशोर बाबू?

किशोरनाथ ने हँसकर कहा—कहाँ बगदादी-ऊँट की तरह भागे जाते हो?

—कहीं तो नहीं, यहीं समुद्र की ओर जा रहा हूँ।

—समुद्र की ओर क्यों?

—शरण माँगने के लिए।

यह बात मदन ने डबडबाई हुई आँखों से किशोर की ओर देखकर कही।

किशोर ने रूमाल से मदन के आँसू पोंछते-पोंछते कहा—मदन, हम जानते हैं कि उस दिन बाबूजी ने जो तिरस्कार किया था, उससे तुमको बहुत दुःख है। मगर सोचो तो, उसमें दोष किसका है? यदि तुम उस रोज मृणालिनी को बहकाने का उद्योग न करते, तो बाबूजी तुम पर क्यों अप्रसन्न होते।

अब तो मदन से नहीं रहा गया। उसने क्रोध से कहा—कौन दुष्ट उस देवबाला पर झूठा अपवाद लगाता है? और मैंने उसे बहकाया है इस बात का कौन साक्षी है? किशोर बाबू! आप लोग मालिक हैं, जो चाहें सो कहिए। आपने पालन किया है, इसलिए, यदि आप आज्ञा दें तो मदन समुद्र में भी कूद पड़ने के लिए तैयार है, मगर अपवाद और अपमान से बचाए रहिए।

कहते-कहते मदन का मुख क्रोध से लाल हो आया, आँखों में आँसू भर आए, उसके आकार से उस समय दृढ़ प्रतिज्ञा झलकती थी।

किशोर ने कहा—इस बारे में विशेष हम कुछ नहीं जानते, केवल माँ के मुख से सुना था कि जमादार ने बाबूजी से तुम्हारी निंदा की है और इसी से वह तुम पर बिगड़े हैं।

मदन ने कहा—आप लोग अपनी बाबूगीरी में भूले रहते हैं और ये बेईमान आपका सब माल खाते हैं। मैंने उस जमादार को मोती निकालने वालों के हाथ मोती बेचते देखा; मैंने पूछा—क्यों, तुमने मोती कहाँ पाया? तब उसने गिड़गिड़ाकर, पैर पकड़कर, मुझसे कहा—बाबूजी से न कहिएगा। मैंने उसे डाँटकर फिर ऐसा काम न करने के लिए कहकर छोड़ दिया, आप लोगों से नहीं कहा। इसी कारण वह ऐसी चाल चलता है और आप लोगों ने भी बिना सोचे-समझे उसकी बात पर विश्वास कर लिया है।

यों कहते-कहते मदन उठ खड़ा हो गया। किशोर ने उसका हाथ पकड़कर बैठाया और आप भी बैठकर कहने लगा—मदन, घबड़ाओ मत,

थोड़ी देर बैठकर हमारी बात सुनो। हम उसको दण्ड देंगे और तुम्हारा अपवाद भी मिटावेंगे। मगर एक बात जो कहते हैं, उसे ध्यान देकर सुनो। मृणालिनी अब बालिका नहीं है, और तुम भी बालक नहीं हो। तुम्हारे-उसके जैसे भाव हैं, सो भी हमसे छिपे नहीं हैं। फिर ऐसी जगह पर तो यही चाहते हैं कि तुम्हारा और मृणालिनी का ब्याह हो जाए।

❐

मदन ब्याह का नाम सुनकर चौंक पड़ा, और मन में सोचने गला कि यह कैसी बात? कहाँ हम युक्तप्रान्त-निवासी अन्य जातीय, और कहाँ ये बंगाली-ब्राह्मण, फिर ब्याह किस तरह हो सकता है! हो-न-हो, ये मुझे भुलावा देते हैं। क्या मैं इनके साथ अपना धर्म नष्ट करूँगा? क्या इसी कारण ये लोग मुझे इतना सुख देते हैं और खूब खुलकर मृणालिनी के साथ घूमने-फिरने और रहने देते थे? मृणालिनी को मैं जी से चाहता हूँ, और जहाँ तक देखता हूँ, मृणालिनी भी मुझसे कपट-प्रेम नहीं करती। किन्तु यह ब्याह नहीं हो सकता क्योंकि उसमें धर्म और अधर्म दोनों का डर है। धर्म का निर्णय करने की मुझमें शक्ति नहीं है। मैंने ऐसा ब्याह होने न देखा है और न सुना है, फिर कैसे यह ब्याह करूँ?

इन्हीं बातों को सोचते-सोचते बहुत देर हो गई। जब मदन को यह सुनाई पड़ा कि 'अच्छा, सोचकर हमसे कहना' तब वह चौंक पड़ा और देखा तो किशोरनाथ जा रहा है।

मदन ने किशोरनाथ के जाने पर कुछ विशेष ध्यान नहीं दिया और फिर अपने विचारों के सागर में मग्न हो गया।

फिर मृणालिनी का ध्यान आया, हृदय धड़कने लगा। मदन की चिन्ता शक्ति का वेग रुक गया और उसके मन में यही समाया कि ऐसे धर्म को मैं दूर से ही हाथ जोड़ता हूँ! मृणालिनी–प्रेम-प्रतिमा मृणालिनी–को मैं नहीं छोड़ सकता।

मदन इसी मंतव्य को स्थिर कर, समुद्र की ओर मुख कर, उसकी गम्भीरता निहारने लगा।

वहाँ पर कुछ धनी लोग पैसा फेंककर उसे समुद्र में से ले आने का तमाशा देख रहे थे। मदन ने सोचा कि प्रेमियों का जीवन 'प्रेम' है और

सज्जनों का अमोघ धन 'धर्म' है। ये लोग अपने प्रेम-जीवन की परवाह न कर धर्म-धन को बटोरते हैं और फिर इनके पास जीवन और धन दोनों चीजें दिखाई पड़ती हैं। तो क्या मनुष्य इनका अनुकरण नहीं कर सकता? अवश्य कर सकता है। प्रेम ऐसी तुच्छ वस्तु नहीं है कि धर्म को हटाकर उस स्थान पर आप बैठे। प्रेम महान् है, प्रेम उदार है। प्रेमियों को भी वह उदार और महान् बनाता है। प्रेम का मुख्य अर्थ है 'आत्मत्याग'। तो क्या मृणालिनी से ब्याह कर लेना ही प्रेम में गिना जाएगा? नहीं-नहीं, वह घोर स्वार्थ है। मृणालिनी को मैं जन्म-भर प्रेम से अपने हृदय-मन्दिर में बिठाकर पूजूँगा, उसकी सरल प्रतिमा को पंक में न लपेटूँगा। परन्तु ये लोग जैसा बर्ताव करते हैं, उससे सम्भव है कि मेरे विचार पलट जाएँ। इसलिए अब इन लोगों से दूर रहना उचित है।

मदन इन्हीं बातों को सोचता हुआ लौट आया, और जो अपना मासिक वेतन जमा किया था वह—तथा कुछ कपड़े आदि आवश्यक सामान—लेकर वहाँ से चला गया। जाते समय उसने एक पत्र भी लिखकर वहीं छोड़ दिया।

जब बहुत देर तक लोगों ने मदन को नहीं देखा, तब चिन्तित हुए। खोज करने से उनको मदन का पत्र मिला, जिसे किशोरनाथ ने पढ़ा और पढ़कर उसका मर्म पिता को समझा दिया।

पत्र का भाव समझते ही उनकी सब आशा निर्मूल हो गईं। उन्होंने कहा—किशोर, देखो, हमने सोचा था कि मृणालिनी किसी कुलीन हिन्दू को समर्पित हो, परन्तु वह नहीं हुआ। इतना व्यय और परिश्रम, जो मदन के लिए किया गया, सब व्यर्थ हुआ। अब वह कभी मृणालिनी से ब्याह नहीं करेगा, जैसा कि उसके पत्र से विदित होता है।

—आपके उस व्यवहार ने उसे और भी भड़का दिया। अब वह कभी ब्याह न करेगा।

—मृणालिनी का क्या होगा?

—जो उसके भाग्य में है!

—क्या जाते समय मदन ने मृणालिनी से भी भेंट नहीं की?

—पूछने से मालूम होगा।

इतना कहकर किशोर मृणालिनी के पास गया। मदन उससे भी नहीं मिला था। किशोर ने आकर पिता से सब हाल कह दिया।

अमरनाथ बहुत ही शोकग्रस्त हुए। बस, उसी दिन से उनकी चिन्ता बढ़ने लगी। क्रमशः वह नित्य ही मद्य-सेवन करने लगे। वह तो प्रायः अपनी चिन्ता दूर करने के लिए मद्य-पान करते थे, किन्तु उसका फल उलटा हुआ। उनकी दशा और भी बुरी हो चली, यहाँ तक कि वह सब समय पान करने लगे, काम-काज देखना-भालना छोड़ दिया।

नवयुवक 'किशोर' बहुत चिन्तित हुआ, किन्तु वह धैर्य के साथ-साथ सांसारिक कष्ट सहने लगा।

मदन के चले जाने से मृणालिनी को बड़ा कष्ट हुआ। उसे यह बात और भी खटकती थी कि मदन जाते समय उससे क्यों नहीं मिला? वह यह नहीं समझती थी कि मदन यदि जाते समय उससे मिलता, तो जा नहीं सकता था।

मृणालिनी बहुत विरक्त हो गई। संसार उसे सूना दिखाई देने लगा। किन्तु वह क्या करे? उसे अपनी मानसिक व्यथा सहनी ही पड़ी।

❐

मदन ने अपने एक मित्र के यहाँ जाकर डेरा डाला। वह भी मोती का व्यापार करता था। बहुत सोचने-विचारने के उपरान्त उसने भी मोती का ही व्यवसाय करना निश्चित किया।

मदन नित्य, संध्या के समय, मोती के बाजार में जा, मछुए लोग जो अपने मेहनताने में मिली हुई मोतियों की सीपियाँ बेचते थे–उनको खरीदने लगा; क्योंकि इसमें थोड़ी पूँजी से अच्छी तरह काम चल सकता था। ईश्वर की कृपा से उसका नित्य विशेष लाभ होने लगा।

संसार में मनुष्य की अवस्था सदा बदलती रहती है। वही मदन, जो तिरस्कार पा दासत्व छोड़ने पर लक्ष्य भ्रष्ट हो गया था, अब एक प्रसिद्ध व्यापारी बन गया।

मदन इस समय सम्पन्न हो गया। उसके यहाँ अच्छे-अच्छे लोग मिलने-जुलने आने लगे। उसने नदी के किनारे एक बहुत सुन्दर बंगला बनवा लिया है; उसके चारों ओर सुन्दर बगीचा भी है। व्यापारी लोग उत्सव

के अवसरों पर उसको निमन्त्रण देते हैं; वह भी अपने यहाँ कभी-कभी उन लोगों को निमन्त्रित करता है। संसार की दृष्टि में वह बहुत सुखी था, यहाँ तक कि बहुत लोग उससे डाह करने लगे। सचमुच संसार बड़ा आडम्बर-प्रिय है।

❐

मदन सब प्रकार से शारीरिक सुख भोगा करता था; पर उसके चित्त-पट पर किसी रमणी की मलीन छाया निरन्तर अंकित रहती थी; जो उसे कभी-कभी बहुत कष्ट पहुँचाती थी। प्रायः वह उसे विस्मृति के जल से धो डालना चाहता था। यद्यपि वह चित्र किसी साधारण कारीगर का अंकित किया हुआ नहीं था कि एकदम ही लुप्त हो जाए, तथापि वह बराबर उसे मिटाने की चेष्टा करता था।

अकस्मात् एक दिन, जब सूर्य की किरणें सुवर्ण-सी-सुवर्ण आभा धारण किए हुए थीं, नदी का जल मौज से बह रहा था, उस समय मदन किनारे खड़ा हुआ स्थिर भाव से नदी की शोभा निहार रहा था। उसको वहाँ एक सुसज्जित जलयान दीख पड़े। उसका चित्त, न जाने क्यों उत्कंठित हुआ। अनुसंधान करने पर पता लगा कि वहाँ वार्षिक जल-विहार का उत्सव होता है, उसी में लोग जा रहे हैं।

मदन के चित्त में भी उत्सव देखने की आकाँक्षा हुई। वह भी अपनी नाव पर चढ़कर उसी ओर चला। कल्लोलिनी की कल्लोलों में हिलती हुई वह छोटी-सी सुसज्जित तरी चल दी।

मदन उस स्थान पर पहुँचा, जहाँ नावों का जमाव था। सैंकड़ों बजरे और नौकाएँ अपने नीले-पीले, हरे-लाल निशान उड़ाती हुई इधर-उधर घूम रही हैं। कामिनियाँ अपने मणिमय अलंकारों की प्रभा से उस उत्सव को आलोकमय किए हुए हैं।

मदन भी अपनी नाव पर बैठा हुआ एकटक इस उत्सव को देख रहा है। उसकी आँखें जैसे किसी को खोज रही हैं। धीरे-धीरे संध्या हो गई। क्रमशः एक, दो, तीन तारे दिखाई दिए। साथ ही पूर्व की तरफ, ऊपर को उठते हुए गुब्बारे की तरह चन्द्रबिम्ब दिखाई पड़ा। लोगों के नेत्रों में आनन्द का उल्लास छा गया। इधर दीपक जल गए। मधुर संगीत, शून्य की

निस्तब्धता में, और भी गूँजने लगा। रात के साथ ही आमोद-प्रमोद की मात्रा बढ़ी।

परन्तु मदन के हृदय में सन्नाटा छाया हुआ है। उत्सव के बाहर वह अपनी नौका को धीरे-धीरे चला रहा है। अकस्मात् कोलाहल सुनाई पड़ा, वह चौंककर उधर देखने लगा। उसी समय कोई चार-पाँच हाथ दूर एक काली-सी चीज दिखाई दी। अस्त हो रहे चन्द्रमा का प्रकाश पड़ने से कुछ वस्त्र भी दिखाई देने लगा। वह बिना कुछ सोचे-समझे ही जल में कूद पड़ा और उसी वस्तु के साथ बह चला।

उषा की आभा पूर्व में दिखाई पड़ रही है। चन्द्रमा की मलिन ज्योति तारागण को भी मलिन कर रही है।

तरंगों से शीतल दक्षिण-पवन धीरे-धीरे संसार को निद्रा से जगा रहा है। पक्षी भी कभी-कभी बोल उठते हैं।

निर्जन नदी-तट में एक नाव बँधी है, और बाहर एक सुकुमारी सुन्दरी का शरीर अचेत अवस्था में पड़ा हुआ है। एक युवक सामने बैठा हुआ उसे होश में लाने का उद्योग कर रहा है। दक्षिण-पवन भी उसे इस शुभ काम में सहायता दे रहा है।

सूर्य की पहली किरण का स्पर्श पाते ही सुन्दरी के नेत्र-कमल धीरे-धीरे विकसित होने लगे। युवक ने ईश्वर को धन्यवाद दिया और झुककर उस कामिनी से पूछा—मृणालिनी, अब कैसी हो?

मृणालिनी ने नेत्र खोलकर देखा। उसके मुख-मण्डल पर हर्ष के चिह्न दिखाई पड़े। उसने कहा—प्यारे मदन, अब अच्छी हूँ!

प्रणय का भी वेग कैसा प्रबल है! यह किसी महासागर की प्रचण्ड आँधी से कम प्रबलता नहीं रखता। इसके झोंके से मनुष्य की जीवन-नौका असीम तरंगों से घिरकर प्रायः कूल को नहीं पाती। अलौकिक आलोकमय अंधकार में प्रणयी अपनी प्रणय-तरी पर आरोहण कर उसी आनन्द के महासागर में घूमना पसन्द करता है, कूल की ओर जाने की इच्छा भी नहीं करता।

इस समय मदन और मृणालिनी दोनों की आँखों में आँसुओं की धारा धीरे-धीरे बह रही है। चंचलता का नाम भी नहीं है। कुछ बल आने पर दोनों

उस नाव में जा बैठे।

मदन ने मल्लाहों को पास के गाँव से दूध और कुछ खाने की वस्तु लाने के लिए भेजा। फिर दोनों ने बिछुड़ने के उपरान्त की सब कथा परस्पर कह सुनाई।

मृणालिनी कहने लगी—भैया किशोरनाथ से मैं तुम्हारा सब हाल सुना करती थी। पर वह कहा करते थे कि तुमसे मिलने में उनको संकोच होता है। इसका कारण उन्होंने कुछ नहीं बतलाया। मैं भी हृदय पर पत्थर रखकर तुम्हारे प्रणय को आज तक स्मरण कर रही हूँ।

मदन ने बात टालकर पूछा—मृणालिनी, तुम जल में कैसे गिरीं?

मृणालिनी ने कहा—मुझे बहुत उदास देख भैया ने कहा, चलो तुम्हें एक तमाशा दिखलावें, सो मैं भी आज यहाँ मेला देखने आई। कुछ कोलाहल सुनकर मैं नाव पर खड़ी हो देखने लगी। दो नाववालों में झगड़ा हो रहा था। उन्हीं के झगड़े में हाथापाई में नाव हिल गई और मैं गिर पड़ी। फिर क्या हुआ, मैं कुछ नहीं जानती।

इतने में दूर से एक नाव आती हुई दिखाई पड़ी, उस पर किशोरनाथ था। उसने मृणालिनी को देखकर बहुत हर्ष प्रकट किया, और सब लोग मिलकर बहुत आनन्दित हुए।

बहुत कुछ बातचीत होने के उपरान्त मृणालिनी और किशोर दोनों ने मदन के घर चलना स्वीकार किया। नावें नदी तट पर स्थित मदन के घर की ओर बढ़ीं। उस समय मदन को एक दूसरी ही चिन्ता थी।

भोजन के उपरान्त किशोरनाथ ने कहा—मदन, हम अब भी तुमको छोटा भाई ही समझते हैं; पर तुम शायद हमसे कुछ रुष्ट हो गए हो।

मदन ने कहा—भैया, कुछ नहीं। इस दास से जो कुछ ढिठाई हुई हो, उसे क्षमा करना, मैं तो आपका वही मदन हूँ।

इसी तरह बहुत-सी बातें होती रहीं, फिर दूसरे दिन किशोरनाथ मृणालिनी को साथ लेकर अपने घर गया।

❐

अमरनाथ बाबू की अवस्था बड़ी शोचनीय है। वह एक प्रकार से मद्य के नशे में चूर रहते हैं, कामकाज देखना सब छोड़ दिया है। अकेला

किशोरनाथ कामकाज सँभालने के लिए तत्पर हुआ, पर उसके व्यापार की दशा अत्यन्त शोचनीय होती गई, और उसके पिता का स्वास्थ्य भी बिगड़ता चला। क्रमशः उसको चारों ओर अंधकार दिखाई देने लगा।

संसार की कैसी विलक्षण गति है! जो बाबू अमरनाथ एक समय सारे सीलोन में प्रसिद्ध व्यापारी गिने जाते थे, और व्यापारी लोग जिनसे सलाह लेने के लिए तरसते थे, वही अमरनाथ इस समय कैसी अवस्था में हैं! कोई उनसे मिलने भी नहीं आता!

किशोरनाथ एक दिन अपने ऑफिस में बैठा कार्य देख रहा था। अकस्मात् मृणालिनी भी वहीं आ गई और एक कुर्सी खींचकर बैठ गई। उसने किशोर से कहा–क्यों भैया, पिताजी की कैसी अवस्था है? कामकाज की भी दशा अच्छी नहीं है, तुम भी चिन्ता में व्याकुल रहते हो, यह क्या है?

किशोरनाथ–बहन, कुछ न पूछो, पिताजी की अवस्था तो तुम देख ही रही हो। कामकाज की अवस्था भी अत्यन्त शोचनीय हो रही है। पचास लाख रुपए के लगभग बाजार का देना है; और ऑफिस का रुपया सब बाजार में फँस गया है, जो कि काम देखे-भाले बिना पिताजी की अस्वस्थता के कारण दब-सा गया है। इसी सोच में बैठा हुआ हूँ कि ईश्वर क्या करेंगे!

मृणालिनी भयातुर हो गई। उसके नेत्रों से आँसुओं की धारा बहने लगी। किशोर उसे समझाने लगा; फिर बोला–केवल एक ईमानदार कर्मचारी अगर कामकाज की देखभाल किया करता, तो यह अवस्था न होती। आज यदि मदन होता, तो हम लोगों की यह दशा न होती।

मदन का नाम सुनते ही मृणालिनी कुछ विवर्ण हो गई और उसकी आँखों में आँसू भर आए। इतने में दरबान ने आकर कहा–सरकार, एक रजिस्ट्री चिट्ठी मृणालिनी देवी के नाम से आई है, डाकिया बाहर खड़ा है।

किशोर ने कहा–बुला लाओ।

किशोर ने वह रजिस्ट्री लेकर खोली। उसमें एक पत्र और एक स्टाम्प का कागज था। देखकर किशोर ने मृणालिनी के आगे फेंक दिया। मृणालिनी ने वह पत्र किशोर के हाथ में देकर पढ़ने के लिए कहा। किशोर पढ़ने लगा–

"मृणालिनी!

आज मैं तुमको पत्र लिख रहा हूँ। आशा है कि तुम इसे ध्यान देकर पढ़ोगी। मैं एक अनजाने स्थान का रहनेवाला कंगाल के भेष में तुमसे मिला और तुम्हारे परिवार में पालित हुआ। तुम्हारे पिता ने मुझे आश्रय दिया, और मैं सुख से तुम्हारा मुख देखकर दिन बिताने लगा। पर दैव को वह ठीक न जँचा! अच्छा, जैसी उसकी इच्छा! पर मैं तुम्हारे परिवार को सदा स्नेह की दृष्टि से देखता हूँ। बाबू अमरनाथ के कहने-सुनने का मुझे कुछ ध्यान भी नहीं है, मैं उसे आशीर्वाद समझता हूँ। मेरे चित्त में उसका तनिक भी ध्यान नहीं है, पर केवल पश्चात्ताप यह है कि मैं उनसे बिना कहे-सुने चला आया। अच्छा, इसके लिए उनसे क्षमा माँग लेना और भाई किशोरनाथ से भी मेरा यथोचित अभिवादन कह देना।

अब कुछ आवश्यक बातें मैं लिखता हूँ, उन्हें ध्यान से पढ़ो। जहाँ तक सम्भव है, उनके करने में तुम आगा-पीछा न करोगी—यह मुझे विश्वास है। तुम्हारे परिवार की दशा अच्छी तरह विदित है, मैं उसे लिखकर तुम्हारा दुःख नहीं बढ़ाना चाहता। सुनो, यह एक 'विल' है जिसमें मैंने अपनी सब सीलोन की सम्पत्ति तुम्हारे नाम लिख दी है। वह तुम्हारी ही है, उसे लेने में तुमको संकोच न करना चाहिए। वह सब तुम्हारे ही रुपए का लाभ है। जो धन मैं वेतन में पाता था, वही मूल कारण है। अस्तु, यह मूलधन, लाभ और ब्याज सहित, तुमको लौटा दिया जाता है। इसे अवश्य स्वीकार करना, और स्वीकार करो या न करो, अब सिवा तुम्हारे इसका स्वामी कौन है? क्योंकि मैं भारतवर्ष से जिस रूप में आया था उसी रूप में लौटा जा रहा हूँ। मैंने इस पत्र को लिखकर तब भेजा है, जब घर से निकलकर रवाना हो चुका हूँ। अब तुमसे भेंट कभी नहीं हो सकती। तुम यदि आओ भी तो उस समय मैं जहाज पर होऊँगा। तुमसे केवल यही प्रार्थना है कि 'तुम मुझे भूल जाना'।

मदन''

यह पत्र पढ़ते ही मृणालिनी की और किशोरनाथ की अवस्था दूसरी ही हो गई। मृणालिनी ने कातर स्वर में कहा—भैया, क्या समुद्र-तट तक चल सकते हो?

किशोरनाथ ने खड़े होकर कहा—अवश्य!

बस, तुरन्त ही एक गाड़ी पर सवार होकर दोनों समुद्र-तट की ओर

चले। ज्योंही वे पहुँचे, त्योंही जहाज तट छोड़ चुका था। उस समय व्याकुल होकर मृणालिनी की आँखें किसी को खोज रही थीं। किन्तु अधिक खोज नहीं करनी पड़ी।

किशोर और मृणालिनी दोनों ने देखा कि गेरुए रंग का कपड़ा पहिने हुए एक व्यक्ति दोनों को हाथ जोड़े हुए जहाज पर खड़ा है, और जहाज शीघ्रता के साथ समुद्र के बीच में चला जा रहा है!

मृणालिनी ने देखा कि बीच में अगाध समुद्र है!

इन्द्रजाल

गाँव के बाहर, एक छोटे-से बंजर में कंजरों का दल पड़ा था। उस परिवार में टट्टू, भैंसे और कुत्तों को मिलाकर इक्कीस प्राणी थे। उसका सरदार मैकू, लम्बी-चौड़ी हड्डियोंवाला एक अधेड़ पुरुष था। दया-माया उसके पास फटकने नहीं पाती थी। उसकी घनी दाढ़ी और मूँछों के भीतर प्रसन्नता की हँसी छिपी ही रह जाती। गाँव में भीख माँगने के लिए जब कंजरों की स्त्रियाँ जातीं, तो उनके लिए मैकू की आज्ञा थी कि कुछ न मिलने पर अपने बच्चों को निर्दयता से गृहस्थ के द्वार पर जो स्त्री न पटक देगी, उसको भयानक दण्ड मिलेगा।

उस निर्दय झुण्ड में गानेवाली एक लड़की थी और एक बाँसुरी बजानेवाला युवक। ये दोनों भी गा-बजाकर जो पाते, वह मैकू के चरणों में लाकर रख देते। फिर भी गोली और बेला की प्रसन्नता की सीमा न थी। उन दोनों का नित्य सम्पर्क ही उनके लिए स्वर्गीय सुख था। इन घुमक्कड़ों के दल में ये दोनों विभिन्न रुचि के प्राणी थे। बेला बेड़िन थी। माँ के मर जाने पर अपने शराबी और अकर्मण्य पिता के साथ वह कंजरों के हाथ लगी। अपनी माता के गाने-बजाने का संस्कार उसकी नस-नस में भरा था। वह बचपन से ही अपनी माता का अनुकरण करती हुई आलापती रहती थी।

शासन की कठोरता के कारण कंजरों का डाका और लड़कियों के चुराने का व्यापार बन्द हो चला था। फिर भी मैकू अवसर से नहीं चूकता। अपने दल की उन्नति में बराबर लगा ही रहता। इस तरह गोली के बाप के मर जाने पर—जो एक चतुर नट था—मैकू ने उसकी खेल की पिटारी के साथ गोली पर भी अधिकार जमाया। गोली महुअर तो बजाता ही था, पर बेला का साथ होने पर उसने बाँसुरी बजाने में अभ्यास किया। पहले तो उसकी

नट-विद्या में बेला भी मनोयोग से लगी किन्तु दोनों को भानुमती वाली पिटारी ढोकर दो-चार पैसे कमाना अच्छा न लगा। दोनों को मालूम हुआ कि दर्शक उस खेल से अधिक उसका गाना पसन्द करते हैं। दोनों का झुकाव उसी ओर हुआ। पैसा भी मिलने लगा। इन नवागन्तुक बाहरियों की कंजरों के दिल में प्रतिष्ठा बढ़ी।

बेला साँवली थी। जैसे पावस की मेघमाला में छिपे हुए आलोकपिण्ड का प्रकाश निखरने की अदम्य चेष्टा कर रहा हो वैसे ही उसका यौवन सुगठित शरीर के भीतर उद्वेलित हो रहा था। गोली के स्नेह की मदिरा से उसकी कजरारी आँखें लाली से भरी रहतीं। वह चलती तो थिरकती हुई, बातें करती तो हँसती हुई। एक मिठास उसके चारों ओर बिखरी रहती। फिर भी गोली से अभी उसका ब्याह नहीं हुआ था।

गोली जब बाँसुरी बजाने लगता, तब बेला के साहित्यहीन गीत जैसे प्रेम के माधुर्य की व्याख्या करने लगते। गाँव के लोग उसके गीतों के लिए कंजरों को शीघ्र हटाने का उद्योग नहीं करते! जहाँ अपने अन्य सदस्यों के कारण कंजरों का वह दल घृणा और भय का पात्र था, वहाँ गोली और बेला का संगीत आकर्षण के लिए पर्याप्त था; किन्तु इसी में एक व्यक्ति का अवांछनीय सहयोग भी आवश्यक था। वह था भूरे, छोटी-सी ढोल लेकर उसे भी बेला का साथ करना पड़ता।

भूरे सचमुच भूरा भेड़िया था। गोली अधरों से बाँसुरी लगाये अर्द्ध-निमीलित आँखों के अन्तराल से, बेला के मुख को देखता हुआ जब हृदय की फूँक से बाँस के टुकड़े को अनुप्राणित कर देता, तब विकट घृणा से ताड़ित होकर भूरे की भयानक थाप ढोल पर जाती। क्षण-भर के लिए जैसे दोनों चौंक उठते।

उस दिन ठाकुर के गढ़ में बेला का दल गाने के लिए गया था। पुरस्कार में कपड़े-रुपये तो मिले ही थे; बेला को एक अँगूठी भी मिली थी। मैकू उन सबको देखकर प्रसन्न हो रहा था। इतने में सिरकी के बाहर कुछ हल्ला सुनाई पड़ा। मैकू ने बाहर आकर देखा कि भूरे और गोली में लड़ाई हो रही थी। मैकू के कर्कश स्वर से दोनों भयभीत हो गये। गोली ने कहा—'मैं बैठा था, भूरे ने मुझको गालियाँ दीं। फिर भी मैं न बोला, इस पर

उसने मुझे पैर से ठोकर लगा दी।'

'और यह समझता है कि इसकी बाँसुरी के बिना बेला गा ही नहीं सकती। मुझसे कहने लगा कि आज तुम ढोलक बेताल बजा रहे थे।' भूरे का कंठ क्रोध से भर्राया हुआ था।

मैकू हँस पड़ा। वह जानता था कि गोली युवक होने पर भी सुकुमार और अपने प्रेम की माधुरी में विह्वल, लजीला और निरीह था। अपने को प्रमाणित करने की चेष्टा उसमें थी ही नहीं। वह आज जो कुछ उग्र हो गया, इसका कारण है केवल भूरे की प्रतिद्वन्द्विता।

बेला भी वहाँ आ गयी थी। उसने घृणा से भूरे की ओर देखकर कहा–

'तो क्या तुम सचमुच बेताल नहीं बजा रहे थे?'

'मैं बेताल न बजाऊँगा, तो दूसरा कौन बजावेगा। अब तो तुमको नये यार न मिले हैं। बेला! तुझको मालमू नहीं कि तेरा बाप मुझसे तेरा ब्याह ठीक करके मरा है। इसी बात पर मैंने उसे अपना नैपाली का दोगला टट्टू दे दिया था, जिस पर अब भी तू चढ़कर चलती है।' भूरे का मुँह क्रोध से भर गया था। वह और भी कुछ बकता; किन्तु मैकू की डाँट पड़ी। सब चुप हो गये।

उस निर्जन प्रान्त में जब अन्धकार खुले आकाश के नीचे तारों से खेल रहा था, तब बेला बैठी कुछ गुनगुना रही थी।

कंजरों की झोंपड़ियों के पास ही पलाश का छोटा-सा जंगल था। उसमें बेला के गीत गूँज रहे थे। जैसे कमल के पास मधुकर को जाने से कोई रोक नहीं सकता उसी तरह गोली भी कब माननेवाला था। आज उसके निरीह हृदय में संघर्ष के कारण आत्मविश्वास का जन्म हो गया था। अपने प्रेम के लिए, अपने वास्तविक अधिकार के लिए झगड़ने की शक्ति उत्पन्न हो गयी थी। उसका छुरा कमर में था। हाथ में बाँसुरी थी। बेला की गुनगुनाहट बन्द होते ही बाँसुरी में गोली उसी तान को दुहराने लगा। दोनों वन-विहंगम की तरह उस अँधेरे कानन में किलकारने लगे। आज प्रेम के आवेश ने आवरण हटा दिया था, वे नाचने लगे। आज तारों की क्षीण ज्योति में हृदय-से-हृदय मिले, पूर्ण आवेग में। आज बेला के जीवन में यौवन का

और गोली के हृदय में पौरुष का प्रथम उन्मेष था।

किन्तु भूरा भी वहाँ आने से नहीं रुका। उसके हाथ में भी भयानक छुरा था। आलिंगन में आबद्ध बेला ने चीत्कार किया। गोली छटककर दूर जा खड़ा हुआ, किन्तु घाव ओछा लगा।

बाघ की तरह झपटकर गोली ने दूसरा वार किया। भूरे सम्हाल न सका। फिर तीसरा वार चलाना ही चाहता था कि मैकू ने गोली का हाथ पकड़ लिया। वह नीचे सिर किये खड़ा रहा।

मैकू ने कड़ककर कहा–'बेला, भूरे से तुझे ब्याह करना ही होगा। यह खेल अच्छा नहीं।'

उसी क्षण सारी बातें गोली के मस्तक में छाया-चित्र-सी नाच उठीं। उसने छुरा धीरे से गिरा दिया। उसका हाथ छूट गया। जब बेला और मैकू भूरे का हाथ पकड़कर ले चले, तब गोली कहाँ जा रहा है, इसका किसी को ध्यान न रहा।

❑

कंजर-परिवार में बेला भूरे की स्त्री मानी जाने लगी। बेला ने भी सिर झुकाकर इसे स्वीकार कर लिया। परन्तु उसे पलाश के जंगल में सन्ध्या के समय जाने से कोई भी नहीं रोक सकता था। उसे जैसे सायंकाल में एक हल्का-सा उन्माद हो जाता। भूरे या मैकू भी उसे वहाँ जाने से रोकने में असमर्थ थे। उसकी दृढ़ता-भरी आँखों से घोर विरोध नाचने लगता।

बरसात का आरम्भ था। गाँव की ओर से पुलिस के पास कोई विरोध की सूचना भी नहीं मिली थी। गाँववालों की छुरी-हँसिया और काठ-कबाड़ के कितने ही काम बनाकर वे लोग पैसे लेते थे। कुछ अन्न यों भी मिल जाता। चिड़ियाँ पकड़कर, पक्षियों का तेल बनाकर, जड़ी-बूटी की दवा तथा उत्तेजक औषधियों और मदिरा का व्यापार करके, कंजरों ने गाँव तथा गढ़ के लोगों से सद्भाव भी बना लिया था। सबके ऊपर आकर्षक बाँसुरी जब उसके साथ नहीं बजती थी, तब भी बेला के गले में एक ऐसी नयी टीस उत्पन्न हो गयी थी, जिसमें बाँसुरी का स्वर सुनाई पड़ता था।

अन्तर में भरे हुए निष्फल प्रेम से युवती का सौन्दर्य निखर आया था। उसके कटाक्ष अलस, गति मदिर और वाणी झंकार से भर गयी थी। ठाकुर

साहब के गढ़ में उसका गाना प्रायः हुआ करता था।

छींट का घाघरा और चोली, उस पर गोटे से टँकी हुई ओढ़नी सहज ही खिसकती रहती। कहना न होगा कि आधा गाँव उसके लिए पागल था। बालक पास से, युवक ठीक-ठिकाने से और बूढ़े अपनी मर्यादा, आदर्शवादिता की रक्षा करते हुए दूर से उसकी तान सुनने के लिए, एक झलक देखने के लिए घात लगाये रहते।

गढ़ के चौक में जब उसका गाना जमता, तो दूसरा काम करते हुए अन्यमनस्कता की आड़ में मनोयोग से और कनखियों से ठाकुर उसे देख लिया करते थे।

मैकू घाघ था। उसने ताड़ लिया। उस दिन संगीत बन्द होने पर पुरस्कार मिल जाने पर और भूरे के साथ बेला के गढ़ के बाहर जाने पर भी मैकू वहीं थोड़ी देर तक खड़ा रहा। ठाकुर ने उसे देखकर पूछा–'क्या है?'

'सरकार! कुछ कहना है।'

'क्या?'

'यह छोकरी इस गाँव से जाना नहीं चाहती। उधर पुलिस तंग कर रही है।'

'जाना नहीं चाहती, क्यों?'

'वह तो घूम-घामकर गढ़ में आती है। खाने को मिल जाता है।...'

मैकू आगे की बात चुप होकर कुछ-कुछ संकेत-भरी मुस्कराहट से कह देना चाहता था।

ठाकुर के मन में हलचल होने लगी। उसे दबाकर प्रतिष्ठा का ध्यान करके ठाकुर ने कहा–'तो मैं क्या करूँ?'

'सरकार! वह तो साँझ होते ही पलाश के जंगल में अकेली चली जाती है। वहीं बैठी हुई बड़ी रात तक गाया करती है।'

'हूँ!'

'एक दिन सरकार धमका दें, तो हम लोग उसे ले-देकर आगे कहीं चले जायें।'

'अच्छा।'

मैकू जाल फैलाकर चला गया। एक हजार की बोहनी की कल्पना

करते वह अपनी सिरकी में बैठकर हुक्का गुड़गुड़ाने लगा।

बेला के सुन्दर अंग की मेघ-माला प्रेमराशि की रजत-रेखा से उद्भाषित हो उठी थी। उसके हृदय में यह विश्वास जम गया था कि भूरे के साथ घर बसाना गोली के प्रेम के साथ विश्वासघात करना है। उसका वास्तविक पति गोली ही है। बेला में यह उच्छृंखल भावना विकट ताण्डव करने लगी। उसके हृदय में वसन्त का विकास था। उमंग में मलयानिल की गति थी। कण्ठ में वनस्थली की काकली थी। आँखों में कुसुमोत्सव था और प्रत्येक आन्दोलन में परिमल का उद्गार था। उसकी मादकता बरसाती नदी की तरह वेगवती थी।

आज उसने अपने जूड़े में जंगली करौंदे के फूलों की माला लपेटकर, भरी मस्ती में जंगल की ओर चलने के लिए पैर बढ़ाया, तो भूरे ने डाँटकर कहा–'कहाँ चली?'

'यार के पास।' उसने छूटते ही कहा। बेला के सहवास में आने पर अपनी लघुता को जानते हुए मसोसकर भूरे ने कहा–'तू खून कराये बिना चैन न लेगी।'

बेला की आँखों में गोली का और उसके परिवर्धमान प्रेमांकुर का चित्र था, जो उसके हट जाने पर विरह-जल से हरा-भरा हो उठा था। बेला पलाश के जंगल में अपने बिछुड़े हुए प्रियतम के उद्देश्य से दो-चार विरह-वेदना की तानों की प्रतिध्वनि छोड़ आने का काल्पनिक सुख नहीं छोड़ सकती थी।

उस एकान्त सन्ध्या में बरसाती झिल्लियों की झनकार से वायुमण्डल गूँज रहा था। बेला अपने परिचित पलाश के नीचे बैठकर गाने लगी–

चीन्हत नाहीं बदल गये नैन...

ऐसा मालूम होता था कि सचमुच गोली उस अन्धकार में अपरिचित की तरह मुँह फिराकर चला जा रहा है। बेला की मनोवेदना के पहचानने की क्षमता उसने खो दी है।

बेला का एकान्त में विरह-निवेदन उसकी भाव-प्रवणता को और भी उत्तेजित करता था। पलाश का जंगल उसकी कातर कुहुक से गूँज रहा था। सहसा उस निस्तब्धता को भंग करते हुए घोड़े पर सवार ठाकुर साहब वहाँ आ पहुँचे।

‘अरे बेला! तू यहाँ क्या कर रही है?’

बेला की स्वर-लहरी रुक गयी थी। उसने देखा ठाकुर साहब! महत्त्व का सम्पूर्ण चित्र, कई बार जिसे वह अपने मन की असंयत कल्पना में दुर्गम शैल-शृंग समझकर अपने भ्रम पर अपनी हँसी उड़ा चुकी थी। वह सकुचकर खड़ी हो रही। बोली नहीं, मन में सोच रही थी–“गोली को छोड़कर भूरे के साथ रहना क्या उचित है? और नहीं तो फिर...”

ठाकुर ने कहा–‘तो तुम्हारे साथ कोई नहीं है। कोई जानवर निकल आवे, तो?’

बेला खिलखिलाकर हँस पड़ी। ठाकुर का प्रमाद बढ़ चला था। घोड़े से झुककर उसका कंधा पकड़ते हुए कहा, ‘चलो, तुमको पहुँचा दें।’

उसका शरीर काँप रहा था, और ठाकुर आवेश में भर रहे थे। उन्होंने कहा–‘बेला, मेरे यहाँ चलोगी?’

‘भूरे मेरा पति है!’ बेला के इस कथन में भयानक व्यंग था। वह भूरे से छुटकारा पाने के लिए तरस रही थी। उसने धीरे से अपना सिर ठाकुर की जाँघ से सटा दिया। एक क्षण के लिए दोनों चुप थे। फिर उसी समय अन्धकार में दो मूर्तियों का प्रादुर्भाव हुआ। कठोर कण्ठ से भूरे ने पुकारा–“बेला!”

ठाकुर सावधान हो गये थे। उनका हाथ बगल की तलवार की मूठ पर जा पड़ा। भूरे ने कहा–“जंगल में किसलिए तू आती थी, यह मुझे आज मालमू हुआ। चल, तेरा खून पिये बिना न छोड़ूँगा।”

ठाकुर के अपराध का आरम्भ तो उनके मन में हो ही चुका था। उन्होंने अपने को छिपाने का प्रयत्न छोड़ दिया। कड़ककर बोले–“खून करने के पहले अपनी भी सोच लो, तुम मुझ पर संदेह करते हो, तो तुम्हारा भ्रम है। मैं तो...”

अब मैकू आगे आया। उसने कहा–‘सरकार! बेला अब कंजरों के दल में नहीं रह सकेगी।’

‘तो तुम क्या कहना चाहते हो?’ ठाकुर साहब अपने में आ रहे थे, फिर भी घटना-चक्र से विवश थे।

‘अब यह आपके पास रह सकती है। भूरे इसे लेकर हम लोगों के संग

नहीं रह सकता।' मैकू पूरा खिलाड़ी था। उसके सामने उस अन्धकार में रुपये चमक रहे थे।

ठाकुर को अपने अहंकार का आश्रय मिला। थोड़ा-सा विवेक, जो उस अन्धकार में झिलमिला रहा था, बुझ गया। उन्होंने कहा–

'तुम क्या चाहते हो?'

'एक हजार।'

'चलो, मेरे साथ।'–कहकर बेला का हाथ पकड़कर ठाकुर ने घोड़े को आगे बढ़ाया। भूरे कुछ भुनभुना रहा था; पर मैकू ने उसे दूसरी ओर भेजकर ठाकुर का संग पकड़ लिया। बेला रकाब पकड़े चली जा रही थी।

दूसरे दिन कंजरों का दल उस गाँव से चला गया।

❒

उपरोक्त घटना को कई साल बीत गये। बेला ठाकुर साहब की एकमात्र प्रेमिका समझी जाती है। अब उसकी प्रतिष्ठा अन्य कुल-वधुओं की तरह होने लगी है। नये उपकरणों से उसका घर सजाया गया है। उस्तादों से गाना सीखा है। गढ़ के भीतर ही उसकी छोटी-सी साफ-सुथरी हवेली है। ठाकुर सहाब की उमंग की रातें वहीं कटती हैं। फिर भी ठाकुर कभी-कभी प्रत्यक्ष देख पाते कि बेला उनकी नहीं है! वह न जाने कैसे एक भ्रम में पड़ गये। बात निबाहने की आ पड़ी।

एक दिन एक नट आया। उसने अनेक तरह के खेल दिखलाये। उसके साथ उसकी स्त्री थी, वह घूँघट ऊँचा नहीं करती थी। खेल दिखलाकर जब अपनी पिटारी लेकर जाने लगा, तो कुछ मनचले लोगों ने पूछा–

'क्यों जी, तुम्हारी स्त्री कोई खेल नहीं करती क्या?'

'करती तो है सरकार! फिर किसी दिन दिखलाऊँगा।' कहकर वह चला गया; किन्तु उसकी बाँसुरी की धुन बेला के कानों में उन्माद का आह्वान सुना रही थी। पिंजड़े की वन-विहंगनी को वसन्त की फूली हुई डाली का स्मरण हो आया था।

दूसरे दिन गढ़ में भारी जमघट लगा। गोली का खेल जम रहा था। सब लोग उसके हस्त-कौशल में मुग्ध थे। सहसा उसने कहा–

'सरकार! एक बड़ा भारी दैत्य आकाश में आ गया है, उससे लड़ने

जाता हूँ, मेरी स्त्री की रक्षा आप लोग कीजियेगा।'

गोली ने एक डोरी निकालकर उसको ऊपर आकाश की ओर फेंका। वह सीधी तन गयी। सबके देखते-देखते गोली उसी के सहारे आकाश में चढ़कर अदृश्य हो गया। सब लोग मुग्ध होकर भविष्य की प्रतीक्षा कर रहे थे। किसी को यह ध्यान नहीं रहा कि स्त्री अब कहाँ है।

गढ़ के फाटक की ओर सबकी दृष्टि फिर गयी। गोली लहू से रँगा चला आ रहा था। उसने आकर ठाकुर को सलाम किया और कहा–'सरकार! मैंने उस दैत्य को हरा दिया। अब मुझे इनाम मिलना चाहिए।'

सब लोग उस पर प्रसन्न होकर पैसों-रुपयों की बौछार करने लगे। उसने झोली भरकर इधर-उधर देखा, फिर कहा–

'सरकार, मेरी स्त्री भी अब मिलनी चाहिए, मैं भी...।' किन्तु यह क्या, वहाँ तो उसकी स्त्री का पता नहीं। गोली सिर पकड़कर शोक-मुद्रा में बैठ गया। जब खोजने पर उसकी स्त्री नहीं मिली, तो उसने चिल्लाकर कहा–'यह अन्याय इस राज्य में नहीं होना चाहिए। मेरी सुन्दरी स्त्री को ठाकुर साहब ने गढ़ के भीतर कहीं छिपा दिया। मेरी योगिनी कह रही है।' सब लोग हँसने लगे। लोगों ने समझा, यह कोई दूसरा खेल दिखलाने जा रहा है। ठाकुर ने कहा–'तो तू अपनी सुन्दर स्त्री को मेरे गढ़ में से खोज ला!' अन्धकार होने लगा था। उसने जैसे घबड़ाकर चारों ओर देखने का अभिनय किया। फिर आँख मूँदकर सोचने लगा।

लोगों ने कहा–'खोजता क्यों नहीं? कहाँ है तेरी सुन्दरी स्त्री?'

'तो जाऊँ न सरकार?'

'हाँ, हाँ, जाता क्यों नहीं'–ठाकुर ने भी हँसकर कहा।

गोली नयी हवेली की ओर चला। वह निःशंक भीतर चला गया। बेला बैठी हुई तन्मय भाव से बाहर की भीड़ झरोखे से देख रही थी। जब उसने गोली को सपीप आते देखा, तो वह काँप उठी। कोई दासी वहाँ न थी। सब खेल देखने में लगी थीं। गोली ने पोटली फेंककर कहा–'बेला! जल्द चलो।'

बेला के हृदय में तीव्र अनुभूति जाग उठी थी। एक क्षण में उस दीन भिखारी की तरह–जो एक मुट्ठी भीख के बदले अपना समस्त संचित

आशीर्वाद दे देना चाहता है—वह वरदान देने के लिए प्रस्तुत हो गयी। मन्त्र-मुग्ध की तरह बेला ने उस ओढ़नी का घूँघट बनाया। वह धीरे-धीरे उस भीड़ में आ गयी। तालियाँ पिटीं। हँसी का ठहाका लगा। वही घूँघट, न खुलनेवाला घूँघट सायंकालीन समीर से हिलकर रह जाता था। ठाकुर साहब हँस रहे थे। गोली दोनों हाथों से सलाम कर रहा था।

रात हो चली थी। भीड़ के बीच में गोली बेला को लिए जब फाटक के बाहर पहुँचा, तब एक लड़के ने आकर कहा—'एक्का ठीक है।'

तीनों सीधे उस पर जाकर बैठ गये। एक्का वेग से चल पड़ा।

अभी ठाकुर साहब का दरबार जम रहा था और नट के खेलों की प्रशंसा हो रही थी।

सलीम

पश्चिमोत्तर सीमाप्रान्त में एक छोटी-सी नदी के किनारे, पहाड़ियों से घिरे हुए उस छोटे-से गाँव पर, सन्ध्या अपनी धुँधली चादर डाल चुकी थी। प्रेमकुमारी वासुदेव के निमित्त पीपल के नीचे दीपदान करने पहुँची। आर्य-संस्कृति में अश्वत्थ की वह मर्यादा अनार्य-धर्म के प्रचार के बाद भी उस प्रान्त में बची थी, जिसमें अश्वत्थ चैत्य-वृक्ष या वासुदेव का आवास समझकर पूजित होता था। मन्दिरों के अभाव में तो बोधि-वृक्ष ही देवता की उपासना का स्थान था। उसी के पास लेखराम की बहुत पुरानी परचून की दूकान और उसी से सटा हुआ छोटा-सा घर था। बूढ़ा लेखराम एक दिन जब 'रामा राम जै जै रामा' कहता हुआ इस संसार से चला गया, तब से वह दूकान बन्द थी। उसका पुत्र नन्दराम सरदार सन्तसिंह के साथ घोड़ों के व्यापार के लिए यारकन्द गया था। अभी उसके आने में विलम्ब था। गाँव में दस घरों की बस्ती थी, जिसमें दो-चार खत्रियों के और एक घर पण्डित लेखराम मिसर का था। वहाँ के पठान भी शान्तिपूर्ण व्यवसायी थे। इसीलिए वजीरियों के आक्रमण से वह गाँव सदा सशंक रहता था। गुलमुहम्मद खाँ—सत्तर वर्ष का बूढ़ा—उस गाँव का मुखिया—प्रायः अपनी चारपाई पर अपनी चौपाल में पड़ा हुआ काले-नीले पत्थरों की चिकनी मनियों की माला अपनी लम्बी-लम्बी उँगलियों में फिराता हुआ दिखाई देता। कुछ लोग अपने-अपने ऊँट लेकर बनिज-व्यापार के लिए पास की मण्डियों में गये थे। लड़के बन्दूकें लिए पहाड़ियों के भीतर शिकार के लिए चले गये थे।

प्रेमकुमारी दीप-दान और खीर की थाली वासुदेव को चढ़ाकर अभी नमस्कार कर रही थी कि नदी के उतार में अपनी पतली-दुबली काया में लड़खड़ाता हुआ, एक थका हुआ मनुष्य उसी पीपल के पास आकर बैठ

गया। उसने आश्चर्य से प्रेमकुमारी को देखा। उसके मुँह से निकल पड़ा—'काफिर...!'

बन्दूक कन्धे पर रक्खे और हाथ में एक मरा हुआ पक्षी लटकाये वह दौड़ता चला आ रहा था। पत्थरों की नुकीली चट्टानें उसके पैर को छूती ही न थीं। मुँह से सीटी बज रही थी। वह था गुलमुहम्मद का सोलह बरस का लड़का अमीर खाँ! उसने आते ही कहा—'प्रेमकुमारी, तू थाली उठाकर भागी क्यों जा रही है? मुझे तो आज खीर खिलाने के लिए तूने कह रक्खा था।'

'हाँ भाई अमीर! मैं अभी और ठहरती; पर क्या करूँ, यह देख न, कौन आ गया है! इसलिए मैं घर जा रही थी।'

अमीर ने आगन्तुक को देखा। उसे न जाने क्यों क्रोध आ गया। उसने कड़े स्वर से पूछा—'तू कौन है?'

'एक मुसलमान'—उत्तर मिला।

अमीर ने उसकी ओर से मुँह फिराकर कहा—'मालूम होता है कि तू भी भूखा है। चल, तुझे बाबा से कहकर कुछ खाने को दिलवा दूँगा। हाँ, इस खीर में से तो तुझे नहीं मिल सकता।

चल न वहीं, जहाँ आग जलती दिखाई दे रही है।' फिर उसने प्रेमकुमारी से कहा—'तू मुझे क्यों नहीं देती? वे सब आ जायेंगे, तब तेरी खीर मुझे थोड़ी ही-सी मिलेगी।'

सीटियों के शब्द से वायुमण्डल गूँजने लगा था। नटखट अमीर का हृदय चंचल हो उठा। उसने ठुनककर कहा—'तू मेरे हाथ पर ही देती जा और मैं खाता जाऊँ।'

प्रेमकुमारी हँस पड़ी। उसने खीर दी। अमीर ने उसे मुँह से लगाया ही था कि नवागन्तुक चिल्ला उठा। अमीर ने उसकी ओर अबकी बार बड़े क्रोध से देखा। शिकारी लड़के पास आ गये थे। वे सब-के-सब अमीर की तरह लम्बी-चौड़ी हड्डियोंवाले स्वस्थ, गोरे और स्फूर्ति से भरे हुए थे। अमीर खीर मुँह में डालते हुए न जाने क्या कह उठा और लड़के आगन्तुक को घेरकर खड़े हो गये। उससे पूछने लगे। उधर अमीर ने अपना हाथ बढ़ाकर खीर माँगने का संकेत किया। प्रेमकुमारी हँसती जाती थी और उसे देती जाती थी। तब भी अमीर उसे तरेरते हुए अपनी आँखों में और भी देने को कह

रहा था। उसकी आँखों में से अनुनय, विनय, हठ, स्नेह सभी तो माँग रहे थे, फिर प्रेमकुमारी सबके लिए एक-एक ग्रास क्यों न देती? नटखट अमीर एक आँख से लड़कों को, दूसरी आँख से प्रेमकुमारी को उलझाये हुए खीर गटकता जाता था। उधर वह नवागन्तुक मुसलमान अपनी टूटी-फूटी पश्तो में लड़कों से 'काफिर' का प्रसाद खाने की अमीर की धृष्टता का विरोध कर रहा था। वे आश्चर्य से उसकी बातें सुन रहे थे। एक ने चिल्लाकर कहा—'अरे देखो, अमीर तो सब खीर खा गया।'

सब लड़के घूमकर अब प्रेमकुमारी को घेरकर खड़े हो गये। वह सबके उजले-उजले हाथों पर खीर देने लगी। आगन्तुक ने फिर चिल्लाकर कहा—'क्या तुम सब मुसलमान हो?'

लड़कों ने एक स्वर से कहा—'हाँ, पठान।'

'और उस काफिर की दी हुई...?'

'यह मेरी पड़ोसिन है!'—एक ने कहा

'यह मेरी बहन है।' दूसरे ने कहा।

'नन्दराम बन्दूक बहुत अच्छी चलाता है।'—तीसरे ने कहा।

'ये लोग कभी झूठ नहीं बोलते।'—चौथे ने कहा।

'हमारे गाँव के लिए इन लोगों ने कई लड़ाइयाँ की हैं।'—पाँचवें ने कहा।

'हम लोगों को घोड़े पर चढ़ना नन्दराम ने सिखलाया है। वह बहुत अच्छा सवार है।'—छठे ने कहा।

'और नन्दराम ही तो हम लोगों को गुड़ खिलाता है।'—सातवें ने कहा।

'तुम चोर हो।'—यह कहकर लड़कों ने अपने-अपने हाथ की खीर खा डाली और प्रेमकुमारी हँस पड़ी। सन्ध्या उस पीपल की घनी छाया में पुंजीभूत हो रही थी। पक्षियों का कोलाहल शान्त होने लगा था। प्रेमकुमारी ने सब लड़कों से घर चलने के लिए कहा, अमीर ने भी नवागन्तुक से कहा—'तुझे भूख लगी हो, तो हम लोगों के साथ चल।' किन्तु वह तो अपने हृदय के विष से छटपटा रहा था। जिसके लिए वह हिजरत करके भारत से चला आया था, उस धर्म का मुसलमान-देश में भी यह अपमान! वह उदास

मुँह से उसी अन्धकार में कट्टर दुर्दान्त वजीरियों के गाँव की ओर चल पड़ा।

❒

नन्दराम पूरा साढ़े छः फुट का बलिष्ठ युवक था। उसके मस्तक में केसर का टीका न लगा रहे, तो कुलाह और सलवार में वह सोलहों आने पठान ही जँचता। छोटी-छोटी भूरी मूँछें खड़ी रहती थीं। उसके हाथ में कोड़ा रहना आवश्यक था। उसके मुख पर संसार की प्रसन्न आकांक्षा हँसी बनकर खेला करती। प्रेमकुमारी उसके हृदय की प्रशान्त नीलिमा में उज्ज्वल बृहस्पति ग्रह की तरह झलमलाया करती थी। आज वह बड़ी प्रसन्नता में अपने घर की ओर लौट रहा था। सन्तसिंह के घोड़े अच्छे दामों में बिके थे। उसे पुरस्कार भी अच्छा मिला था। वह स्वयं अच्छा घुड़सवार था। उसने अपना घोड़ा भी अधिक मूल्य पाकर बेच दिया था। रुपये पास में थे। वह एक ऊँचे ऊँट पर बैठा हुआ चला जा रहा था। उसके साथी लोग बीच की मण्डी में रुक गये थे; किन्तु काम हो जाने पर, उसे प्रेमकुमारी को देखने की धुन सवार थी। ऊपर सूर्य की किरणें झलमला रही थीं। बीहड़ पहाड़ी पथ था। कोसों तक कोई गाँव नहीं था। उस निर्जनता में वह प्रसन्न होकर गाता आ रहा था।

'वह पथिक कैसे रुकेगा, जिसके घर के किवाड़ खुले हैं और जिसकी प्रेममयी युवती स्त्री अपनी काली आँखों से पति की प्रतीक्षा कर रही है।'

'बादल बरसते हैं, बरसने दो। आँधी पथ में बाधा डालती है। वह उड़ जायेगी। धूप पसीना बहाकर उसे शीतल कर देगी, वह तो घर की ओर आ रहा है। उन कोमल भुज-लताओं का स्निग्ध आलिंगन और निर्मल दुलार प्यासे को निर्झर और बर्फीली रातों की गर्मी है।'

'पथिक! तू चल-चल, देख, तेरी प्रियतमा की सहज नशीली आँखें तेरी प्रतीक्षा में जागती हुई अधिक लाल हो गयी हैं। उनमें आँसू की बूँद न आने पावे।'

पहाड़ी प्रान्त को कल्पित करता हुआ बन्दूक का शब्द प्रतिध्वनित हुआ। नन्दराम का सिर घूम पड़ा। गोली सर्र से कान के पास से निकल गयी। एक बार उसके मुँह से निकल पड़ा—'वजीरी!' वह झुक गया।

गोलियाँ चल चुकी थीं। सब खाली गयीं। नन्दराम ने सिर उठाकर देखा, पश्चिम की पहाड़ी में झाड़ों के भीतर दो-तीन सिर दिखाई पड़े। बन्दूक साधकर उसने गोली चला दी।

दोनों तरफ से गोलियाँ चलीं। नन्दराम की जाँघ को छीलती हुई एक गोली निकल गयी। और सब बेकार रहीं। उधर दो वजीरियों की मृत्यु हुई। तीसरा कुछ भयभीत होकर भाग चला। तब नन्दराम ने कहा—'नन्दराम को नहीं पहचानता था? ले, तू भी कुछ लेता जा।।' उस वजीरी के भी पैर में गोली लगी। वह बैठ गया। और नन्दराम अपने ऊँट पर घर की ओर चला।

सलीम नन्दराम के गाँव से धर्मोन्माद के नशे में चूर इन्हीं सहधर्मियों में आकर मिल गया था। उसके भाग्य से नन्दराम की गोली उसे नहीं लगी। वह झाड़ियों में छिप गया। घायल वजीरी ने उससे कहा—'तू परदेशी भूखा बनकर इसके साथ जाकर घर देख आ। इसी नाले से उतर जा। वह तुझे आगे मिल जायेगा।' सलीम उधर ही चला।

नन्दराम अब निश्चिन्त होकर धीरे-धीरे घर की ओर बढ़ रहा था। सहसा उसे कराहने का शब्द सुन पड़ा। उसने ऊँट रोककर सलीम से पूछा—'क्या है भाई? तू कौन है?'

सलीम ने कहा—'भूखा परदेशी हूँ। चल भी नहीं सकता। एक रोटी और दो घूँट पानी!'

नन्दराम ने ऊँट बैठाकर उसे अच्छी तरह देखते हुए फिर पूछा—'तुम यहाँ कैसे आ गये?'

'मैं हिन्दुस्तान से हिजरत करके चला आया हूँ।'

'ओह! भले आदमी, ऐसी बातों से भी कोई अपना घर छोड़ देता है? अच्छा, आओ, मेरे ऊँट पर बैठ जाओ।'

सलीम बैठ गया। दिन ढलने लगा था। नन्दराम के ऊँट के गले के बड़े-बड़े घुँघरू उस निस्तब्ध शान्ति में सजीवता उत्पन्न करते हुए बज रहे थे। उल्लास से भरा हुआ नन्दराम उसी ताल पर कुछ गुनगुनाता जा रहा था। उधर सलीम कुढ़कर मन-ही-मन भुनभुनाता जा रहा था; परंतु ऊँट चुपचाप अपना पथ अतिक्रमण कर रहा था। धीरे-धीरे बढ़नेवाले अन्धकार में वह अपनी गति से चल रहा था।

सलीम सोचता था–'न हुआ पास में एक छुरा, नहीं तो यहीं अपने साथियों का बदला चुका लेता!' फिर वह अपनी मूर्खता पर झुँझलाकर विचार करने लगा–'पागल सलीम! तू उसके घर का पता लगाने आया है न।' इसी उधेड़बुन में कभी अपने को पक्का धार्मिक, कभी सत्य में विश्वास करनेवाला, कभी शरण देनेवाले सहधर्मियों का पक्षपाती बन रहा था। सहसा ऊँट रुका और घर का किवाड़ खुल पड़ा। भीतर से जलते हुए दीपक के प्रकाश के साथ एक सुन्दर मुख दिखाई पड़ा। नन्दराम ऊँट बैठाकर उतर पड़ा। उसने उल्लास से कहा–'प्रेमो!' प्रेमकुमारी का गला भर आया था। बिना बोले ही उसने लपककर नन्दराम के दोनों हाथ पकड़ लिए।

सलीम ने आश्चर्य से प्रेमा को देखकर चीत्कार करना चाहा; पर वह सहसा रुक गया। उधर प्यार से प्रेमा के कन्धों को हिलाते हुए नन्दराम ने उसका चौंकना देख लिया।

नन्दराम ने कहा–'प्रेमा! हम दोनों के लिए रोटियाँ चाहिए! यह एक भूखा परदेशी है। हाँ, पहले थोड़ा-सा पानी और एक कपड़ा तो देना।'

प्रेमा ने चकित होकर पूछा–'क्यों?'

'यों ही कुछ चमड़ा छिल गया है। उसे बाँध लूँ?'

'अरे, तो क्या कहीं लड़ाई भी हुई है?'

'हाँ, तीन-चार वजीरी मिल गये थे।'

'और यह?'–कहकर प्रेमा ने सलीम को देखा। सलीम भय और क्रोध से सूख रहा था! घृणा से उसका मुख विवर्ण हो रहा था।

'एक हिन्दू है।' नन्दराम ने कहा।

'नहीं, मुसलमान हूँ।'

'ओहो, हिन्दुस्तानी भाई! हम लोग हिन्दुस्तान के रहनेवालों को हिन्दू ही-सा देखते हैं। तुम बुरा न मानना।'–कहते हुए नन्दराम ने उसका हाथ पकड़ लिया। वह झुँझला उठा और प्रेमकुमारी हँस पड़ी। आज की हँसी कुछ दूसरी थी। उसकी हँसी में हृदय की प्रसन्नता साकार थी। एक दिन और प्रेमा का मुसकाना सलीम ने देखा था, तब जैसे उसमें स्नेह था। आज थी उसमें मादकता, नन्दराम के ऊपर अनुराग की वर्षा! वह और भी जल उठा। उसने कहा–'काफिर, क्या यहाँ कोई मुसलमान नहीं है?'

'है तो, पर आज तो तुमको मेरे ही यहाँ रहना होगा।' दृढ़ता से नन्दराम ने कहा।

सलीम सोच रहा था, घर देखकर लौट आने की बात! परन्तु यह प्रेमा! ओह, कितनी सुन्दर! कितना प्यार-भरा हृदय! इतना सुख! काफिर के पास यह विभूति! तो वह क्यों न यहीं रहे? अपने भाग्य की परीक्षा कर देखे!

सलीम वहीं खा-पीकर एक कोठरी में सो रहा और सपने देखने लगा—उसके हाथ में रक्त से भरा हुआ छुरा है। नन्दराम मरा पड़ा है। वजीरियों का सरदार उसके ऊपर प्रसन्न है। लूट में पकड़ी हुई प्रेमा उसे मिल रही है। वजीरियों का बदला लेने में उसने पूरी सहायता की है। सलीम ने प्रेमा का हाथ पकड़ना चाहा। साथ ही प्रेमा का भरपूर थप्पड़ उसके गाल पर पड़ा। उसने तिलमिलाकर आँखें खोल दीं। सूर्य की किरणें उसकी आँखों में घुसने लगीं।

बाहर अमीर चिलम भर रहा था। उसने कहा—'नन्दा भाई, तूने मेरे लिए पोस्तीन लाने के लिए कहा था। वह कहाँ है?' वह उछल रहा था। उसका ऊधमी शरीर प्रसन्नता से नाच रहा था।

नन्दराम मुलायम बालोंवाली चमड़े की सदरी—जिस पर रेशमी सुनहरा काम था—लिये हुए बाहर निकला। अमीर को पहनाकर उसके गालों पर चपत जड़ते हुए कहा—'नटखट, ले, तू अभी छोटा ही रहा। मैंने तो समझा था कि तीन महीनों में तू बहुत बढ़ गया होगा।'

वह पोस्तीन पहनकर उछलता हुआ प्रेमा के पास चला गया। उसका नाचना देखकर वह खिलखिला पड़ी। गुलमुहम्मद भी आ गया था। उसने पूछा—'नन्दराम, तू अच्छी तरह रहा?'

'हाँ जी! यहीं आते हुए कुछ वजीरियों का सामना हो गया। दो को ठिकाने लगा दिया। थोड़ी-सी चोट मेरे भी आ गयी।'

'वजीरी!'—कहकर बूढ़ा एक बार चिन्ता में पड़ गया। तब तक नन्दराम ने उसके सामने रुपये की थैली उलट दी। बूढ़ा अपने घोड़े का दाम सहेजने लगा।

प्रेमा ने कहा—'बाबा! तुमने कुछ और भी कहा था। वह तो नहीं आया!'

बूढ़ा त्यौरी बदलकर नन्दराम को देखने लगा। नन्दराम ने कहा—'मुझे घर में अस्तबल के लिए एक दालान बनाना है। इसलिए बालियाँ नहीं ला सका।'

'नहीं नन्दराम! तुझको पेशावर फिर जाना होगा। प्रेमा के लिए बालियाँ बनवा ला! तू अपनी बात रखता है।'

'अच्छा चाचा! अबकी बार जाऊँगा, तो ले ही आऊँगा।'

हिजरती सलीम आश्चर्य से उनकी बातें सुन रहा था। सलीम जैसे पागल होने लगा था। मनुष्यता का एक पक्ष वह भी है, जहाँ वर्ण, धर्म और देश को भूलकर मनुष्य मनुष्य के लिए प्यार करता है। उसके भीतर की कोमल भावना, शायरों की प्रेम-कल्पना, चुटकी लेने लगी। वह प्रेमा को 'काफिर' कहता था। आज उसने चपाती खाते हुए मन-ही-मन कहा—'बुते-काफिर!'

❑

सलीम घुमक्कड़ी-जीवन की लालसाओं से सन्तप्त, व्यक्तिगत आवश्यकताओं से असन्तुष्ट युक्तप्रान्त का मुसलमान था। कुछ-न-कुछ करते रहने का उसका स्वभाव था। जब वह चारों ओर से असफल हो रहा था, तभी तुर्की की सहानुभूति में हिजरत का आन्दोलन खड़ा हुआ था। सलीम भी उसी में जुट पड़ा। मुसलमानी देशों का आतिथ्य कड़वा होने का अनुभव उसे अफगानिस्तान में हुआ। वह भटकता हुआ नन्दराम के घर पहुँचा था।

मुसलिम उत्कर्ष का उबाल जब ठण्डा हो चला, तब उसके मन में एक स्वार्थपूर्ण कोमल कल्पना का उदय हुआ। वह सूफी कवियों-सा सौन्दर्योपासक बन गया। नन्दराम के घर का काम करता हुआ वह जीवन बिताने लगा। उसमें भी 'बुते-काफिर' को उसने अपनी संसार-यात्रा का चरम लक्ष्य बना लिया।

प्रेमा उससे साधारणतः हँसती-बोलती और काम के लिए कहती। सलीम उसके लिए खिलौना था। दो मन दो विरुद्ध दिशाओं में चलकर भी नियति से बाध्य थे, एकत्र रहने के लिए।

अमीर ने एक दिन नन्दराम से कहा—'उस पाजी सलीम को अपने

यहाँ से भगा दो क्योंकि उसके ऊपर सन्देह करने का पूरा कारण है।'

नन्दराम ने हँसकर कहा–'भाई अमीर! वह परदेश में बिना सहारे आया है। उसके ऊपर सबको दया करनी चाहिए।'

अमीर के निष्कपट हृदय में यह बात न जँची। वह रूठ गया। तब भी नन्दराम ने सलीम को अपने यहाँ रहने दिया।

सलीम अब कभी-कभी दूर-दूर घूमने के लिए भी चला जाता। उसके हृदय में सौन्दर्य के कारण जो स्निग्धता आ गयी थी, वह लालसा में परिणत होने लगी। प्रतिक्रिया आरम्भ हुई। एक दिन उसे लँगड़ा वजीरी मिला। सलीम की उससे कुछ बातें हुईं। वह फिर से कट्टर मुसलमान हो उठा। धर्म की प्रेरणा से नहीं, लालसा की ज्वाला से!

वह रात बड़ी भयानक थी। कुछ बूँदें पड़ रही थीं। सलीम अभी सशंक होकर जाग रहा था। उसकी आँखें भविष्य का दृश्य देख रही थीं। घोड़ों के पद-शब्द धीरे-धीरे उस निर्जनता को भेदकर समीप आ रहे थे। सलीम ने किवाड़ खोलकर बाहर झाँका। अँधेरी उसके कलुष-सी फैल रही थी। वह ठठाकर हँस पड़ा।

भीतर नन्दराम और प्रेमा का स्नेहालाप बन्द हो चुका था। दोनों तन्द्रालस हो रहे थे। सहसा गोलियों की कड़कड़ाहट सुन पड़ी। सारे गाँव में आतंक फैल गया।

उन दस घरों में से जो भी कोई अस्त्र चला सकता था, बाहर निकल पड़ा। अस्सी वजीरियों का दल चारों ओर से गाँव को घेरे में करके भीषण गोलियों की बौछार कर रहा था।

अमीर और नन्दराम बगल में खड़े होकर गोली चला रहे थे। कारतूसों की परतल्ली उनके कन्धों पर थी। नन्दराम और अमीर दोनों के निशाने अचूक थे। अमीर ने देखा कि सलीम पागलों-सा घर में घुसा जा रहा है। वह भी भरी गोली चलाकर उसके पीछे नन्दराम के घर में घुसा। बीसों वजीरी मारे जा चुके थे। गाँववाले भी घायल और मृतक हो रहे थे। उधर नन्दराम की मार से वजीरियों ने मोर्चा छोड़ दिया था। सब भागने की धुन में थे। सहसा घर में से चिल्लाहट सुनाई पड़ी।

नन्दराम भीतर चला गया। उसने देखा; प्रेमा के बाल खुले हैं। उसके

हाथ में रक्त से रंजित एक छुरा है। एक वजीरी वहीं घायल पड़ा है। और अमीर सलीम की छाती पर चढ़ा हुआ कमर से छुरा निकाल रहा है। नन्दराम ने कहा–'यह क्या है, अमीर?'

'चुप रहो भाई! इस पाजी को पहले...।

'ठहर अमीर! यह हम लोगों का शरणागत है।'–कहते हुए नन्दराम ने उसका छुरा छीन लिया; किन्तु दुर्दान्त युवक पठान कटकटाकर बोला–

'इस सूअर के हाथ! नहीं नन्दराम! तुम हट जाओ, नहीं तो मैं तुमको ही गोली मार दूँगा। मेरी बहन, पड़ोसिन का हाथ पकड़कर खींच रहा था इसके हाथ...'

नन्दराम आश्चर्य से देख रहा था। अमीर ने सलीम की कलाई ककड़ी की तरह तोड़ ही दी। सलीम चिल्लाकर मूर्च्छित हो गया था। प्रेमा ने अमीर को पकड़कर खींच लिया। उसका रणचण्डी-वेश शिथिल हो गया था। सहज नारी-सुलभ दया का आविर्भाव हो रहा था। नन्दराम और अमीर बाहर आये।

वजीरी चले गये।

❒

एक दिन टूटे हाथ को सिर से लगाकर जब प्रेमा को सलाम करते हुए सलीम उस गाँव से विदा हो रहा था, तब प्रेमा को न जाने क्यों उस अभागे पर ममता हो आयी। उसने कहा–'सलीम, तुम्हारे घर पर कोई और नहीं है, तो वहाँ जाकर क्या करोगे? यहीं पड़े रहो।'

सलीम रो रहा था। वह अब भी हिन्दुस्तान जाने के लिए इच्छुक नहीं था; परन्तु अमीर ने अकड़कर कहा–'प्रेमा! इसे जाने दे! इस गाँव में ऐसे पाजियों का काम नहीं।'

सलीम पेशावर में बहुत दिनों तक भीख माँगकर खाता और जीता रहा। उसके 'बुते-काफिर' वाले गीत को लोग बड़े चाव से सुनते थे।

छोटा जादूगर

कार्निवल के मैदान में बिजली जगमगा रही थी। हँसी और विनोद का कलनाद गूँज रहा था। मैं खड़ा था। उस छोटे फुहारे के पास, एक लड़का चुपचाप शराब पीनेवालों को देख रहा था। उसके गले में फटे कुरते के ऊपर से एक मोटी-सी सूत की रस्सी पड़ी थी और जेब में कुछ ताश के पत्ते थे। उसके मुँह पर गम्भीर विषाद के साथ धैर्य की रेखा थी। मैं उसकी ओर न जाने क्यों आकर्षित हुआ। उसके अभाव में भी सम्पूर्णता थी। मैंने पूछा–'क्यों जी, तुमने इसमें क्या देखा?'

'मैंने सब देखा है। यहाँ चूड़ी फेंकते हैं। खिलौनों पर निशाना लगाते हैं। तीर से नम्बर छेदते हैं। मुझे तो खिलौनों पर निशाना लगाना अच्छा मालूम हुआ। जादूगर तो बिलकुल निकम्मा है। उससे अच्छा तो ताश का खेल मैं ही दिखा सकता हूँ।'–उसने बड़ी प्रगल्भता से कहा। उसकी वाणी में कहीं रुकावट न थी।

मैंने पूछा–'और उस परदे में क्या है? वहाँ तुम गये थे।'

'नहीं, वहाँ मैं नहीं जा सका। टिकट लगता है।'

मैंने कहा–'तो चलो, मैं वहीं पर तुमको लिवा चलूँ।' मैंने मन-ही-मन कहा–'भाई! आज के तुम्हीं मित्र रहे।'

उसने कहा–'वहाँ जाकर क्या कीजियेगा? चलिये, निशाना लगाया जाय।'

मैंने उससे सहमत होकर कहा–'तो फिर चलो, पहिले शरबत पी लिया जाय।' उसने स्वीकार-सूचक सिर हिला दिया।

मनुष्यों की भीड़ से जाड़े की सन्ध्या भी वहाँ गर्म हो रही थी। हम दोनों शरबत पीकर निशाना लगाने चले। राह में ही उससे पूछा–'तुम्हारे

और कौन हैं?'

'माँ और बाबूजी।'

'उन्होंने तुमको यहाँ आने के लिए मना नहीं किया?'

'बाबूजी जेल में हैं।'

'क्यों?'

'देश के लिए।'—वह गर्व से बोला।

'और तुम्हारी माँ?'

'वह बीमार हैं।'

'और तुम तमाशा देख रहे हो?'

उसके मुँह से तिरस्कार की हँसी फूट पड़ी। उसने कहा—'तमाशा देखने नहीं, दिखाने निकला हूँ। कुछ पैसे ले जाऊँगा, तो माँ को पथ्य दूँगा। मुझे शरबत न पिलाकर आपने मेरा खेल देखकर मुझे कुछ दे दिया होता, तो मुझे अधिक प्रसन्नता होती!'

मैं आश्चर्य से उस तेरह-चौदह वर्ष के लड़के को देखने लगा।

'हाँ, मैं सच कहता हूँ बाबूजी! माँ जी बीमार हैं; इसलिए मैं नहीं गया।'

'कहाँ?'

'जेल में! जब कुछ लोग खेल-तमाशा देखते ही हैं, तो मैं क्यों न दिखाकर माँ की दवा करूँ और अपना पेट भरूँ।'

मैंने दीर्घ विश्वास लिया। चारों ओर बिजली के लट्टू नाच रहे थे। मन व्यग्र हो उठा। उसने कहा—'अच्छा चलो, निशाना लगाया जाय।'

हम दोनों उस जगह पर पहुँचे, जहाँ खिलौने को गेंद से गिराया जाता था। मैंने बारह टिकट खरीदकर उस लड़के को दिये।

वह निकला पक्का निशानेबाज। उसका कोई गेंद खाली नहीं गया। देखनेवाले दंग रह गये। उसने बारह खिलौनों को बटोर लिया; लेकिन उठाता कैसे? कुछ मेरे रूमाल में बँधे, कुछ जेब में रख लिए गये।

लड़के ने कहा—'बाबूजी, आपको तमाशा दिखाऊँगा। बाहर आइये, मैं चलता हूँ।' वह नौ-दो ग्यारह हो गया। मैंने मन-ही-मन कहा—'इतनी जल्दी आँख बदल गयी।'

मैं घूमकर पान की दूकान पर आ गया। पान खाकर बड़ी देर तक इधर-उधर टहलता देखता रहा। झूले के पास लोगों का ऊपर-नीचे आना देखने लगा। अकस्मात् किसी ने हिंडोले से पुकारा—'बाबूजी!'

मैंने पूछा—'कौन?'

'मैं हूँ छोटा जादूगर।'

❑

कलकत्ते के सुरम्य बोटोनिकल-उद्यान में लाल कमलिनी से भरी हुई एक छोटी-सी झील के किनारे घने वृक्षों की छाया में अपनी मण्डली के साथ बैठा हुआ मैं जलपान कर रहा था। बातें हो रही थीं। इतने में वही छोटा जादूगर दिखाई पड़ा। हाथ में चारखाने की खादी का झोला। साफ जाँघिया और आधी बाँहों का कुरता। सिर पर मेरा रूमाल सूत की रस्सी से बँधा हुआ था। मस्तानी चाल से झूमता हुआ आकर कहने लगा—

'बाबूजी, नमस्ते! आज कहिये, तो खेल दिखाऊँ।'

'नहीं जी, अभी हम लोग जलपान कर रहे हैं।'

'फिर इसके बाद क्या गाना-बजाना होगा, बाबूजी?'

'नहीं जी—तुमको...', क्रोध से मैं कुछ और कहने जा रहा था। श्रीमती ने कहा—'दिखलाओ जी, तुम तो अच्छे आये। भला, कुछ मन तो बहले।' मैं चुप हो गया; क्योंकि श्रीमती की वाणी में वह माँ की-सी मिठास थी जिसके सामने किसी भी लड़के को रोका नहीं जा सकता। उसने खेल आरम्भ किया।

उस दिन कार्निवल के सब खिलौने उसके खेल में अपना अभिनय करने लगे। भालू मनाने लगा। बिल्ली रूठने लगी। बन्दर घुड़कने लगा।

गुड़िया का ब्याह हुआ। गुड्डा वर काना निकला। लड़के की वाचालता से ही अभिनय हो रहा था। वह हँसते-हँसते लोट-पोट हो गये।

मैं सोच रहा था। बालक को आवश्यकता ने कितना शीघ्र चतुर बना दिया। यही तो संसार है।

ताश के सब पत्ते लाल हो गये। फिर सब काले हो गये। गले की सूत की डोरी टुकड़े-टुकड़े होकर जुड़ गयी। लट्टू अपने से नाच रहे थे। मैंने कहा—'अब हो चुका। अपना खेल बटोर लो, हम लोग भी अब जायेंगे।'

श्रीमती जी ने धीरे से रुपया दे दिया। वह उछल उठा।

मैंने कहा—'लड़के!'

'छोटा जादूगर कहिये। यही मेरा नाम है। इसी से मेरी जीविका है।'

मैं कुछ बोलना ही चाहता था कि श्रीमती जी ने कहा—'अच्छा, तुम इस रुपये से क्या करोगे?'

'पहले भर पेट पकौड़ी खाऊँगा। फिर एक सूती कम्बल लूँगा।'

मेरा क्रोध अब लौट आया। मैं अपने पर बहुत क्रुद्ध होकर सोचने लगा—'ओह! कितना स्वार्थी हूँ मैं। उसके एक रुपया पाने पर मैं ईर्ष्या करने लगा था न!'

वह नमस्कार करके चला गया। हम लोग लता-कुंज देखने के लिए चले।

उस छोटे-से बनावटी जंगल में सन्ध्या साँय-साँय करने लगी थी। अस्ताचलगामी सूर्य की अन्तिम किरण वृक्षों की पत्तियों से विदाई ले रही थी। एक शान्त वातावरण था। हम धीरे-धीरे मोटर से हावड़ा की ओर आ रहे थे।

रह-रहकर छोटा जादूगर स्मरण होता था। सचमुच वह एक झोंपड़ी के पास कम्बल कन्धे पर डाले खड़ा था! मैंने मोटर रोककर उससे पूछा—'तुम यहाँ कहाँ?'

'मेरी माँ यहीं है न। अब उसे अस्पताल वालों ने निकाल दिया है।' मैं उतर गया। उस झोंपड़ी में देखा, तो एक स्त्री चिथड़ों से लदी हुई काँप रही थी।

छोटे जादूगर ने कम्बल ऊपर से डालकर उसके शरीर से चिमटते हुए कहा—'माँ।'

मेरी आँखों से आँसू निकल पड़े।

❐

बड़े दिन की छुट्टी बीत चली थीं। मुझे अपने ऑफिस में समय से पहुँचना था। कलकत्ते से मन ऊब गया था। फिर भी चलते-चलते एक बार उस उद्यान को देखने की इच्छा हुई। साथ-ही-साथ जादूगर भी दिखाई पड़ जाता, तो और भी...मैं उस दिन अकेले ही चल पड़ा। जल्द लौट आना था।

दस बज चुके थे। मैंने देखा कि उस निर्मल धूप में सड़क के किनारे एक कपड़े पर छोटे जादूगर का रंगमंच सजा था। मोटर रोककर उतर पड़ा। वहाँ बिल्ली रूठ रही थी। भालू मनाने चला था। ब्याह की तैयारी थी; यह सब होते हुए भी जादूगर की वाणी में वह प्रसन्नता की तरी नहीं थी। जब वह औरों को हँसाने की चेष्टा कर रहा था, तब जैसे स्वयं काँप जाता था। मानो उसके रोएँ रो रहे थे। मैं आश्चर्य से देख रहा था। खेल हो जाने पर पैसा बटोरकर उसने भीड़ में मुझे देखा। वह जैसे क्षण-भर के लिए स्फूर्तिमान हो गया। मैंने उसकी पीठ थपथपाते हुए पूछा–'आज तुम्हारा खेल जमा क्यों नहीं?'

'माँ ने कहा है कि आज तुरन्त चले आना। मेरी घड़ी समीप है।'–अविचल भाव से उसने कहा।

'तब भी तुम खेल दिखलाने चले आये।' मैंने कुछ क्रोध से कहा। मनुष्य के सुख-दुःख का माप अपना ही साधन तो है। उसी के अनुपात से वह तुलना करता है।

उसके मुँह पर वही परिचित तिरस्कार की रेखा फूट पड़ी।

उसने कहा–'न क्यों आता!'

और कुछ अधिक कहने में जैसे वह अपमान का अनुभव कर रहा था।

क्षण-भर में मुझे अपनी भूल मालूम हो गयी। उसके झोले को गाड़ी में फेंककर उसे भी बैठाते हुए मैंने कहा–'जल्द चलो।' मोटरवाला मेरे बताये हुए पथ पर चल पड़ा।

कुछ ही मिनटों में मैं झोंपड़ी के पास पहुँचा। जादूगर दौड़कर झोंपड़े में माँ-माँ पुकारते हुए घुसा। मैं भी पीछे था; किन्तु स्त्री के मुँह से, 'बे...' निकलकर रह गया। उसके दुर्बल हाथ उठकर गिर गये। जादूगर उससे लिपटा रो रहा था; मैं स्तब्ध था। उस उज्ज्वल धूप में समग्र संसार जैसे जादू-सा मेरे चारों ओर नृत्य करने लगा।

नूरी

'ऐ; तुम कौन?'

'.........'

'बोलते नहीं?'

'.........'

'तो मैं बुलाऊँ किसी को—' कहते हुए उसने छोटा-सा मुँह खोला ही था कि युवक ने एक हाथ उसके मुँह पर रखकर उसे दूसरे हाथ से दबा लिया। वह विवश होकर चुप हो गयी। और भी, आज पहला ही अवसर था, जब उसने केसर, कस्तूरी और अम्बर से बसा हुआ यौवनपूर्ण उद्वेलित आलिंगन पाया था। उधर किरणें भी पवन के एक झोंके के साथ किसलयों को हटाकर घुस पड़ीं। दूसरे ही क्षण उस कुंज के भीतर छनकर आती हुई चाँदनी में जौहर से भरी कटार चमचमा उठी। भयभीत मृग-शावक-सी काली आँखें अपनी निरीहता में दया की—प्राणों की भीख माँग रही थीं। युवक का हाथ रुक गया। उसके मुँह पर उँगली रखकर चुप रहने का संकेत किया। नूरी काश्मीर की कली थी।

सिकरी के महलों में उसके कोमल चरणों की नृत्य-कला प्रसिद्ध थी। उस कलिका का आमोद-मकरन्द अपनी सीमा में मचल रहा था। उसने समझा, कोई मेरा साहसी प्रेमी है, जो महाबली अकबर की आँख-मिचौनी-क्रीड़ा के समय पतंगे-सा प्राण देने आ गया है। नूरी ने इस कल्पना के सुख में अपने को धन्य समझा और चुप रहने का संकेत पाकर युवक के मधुर अधरों पर अपने अधर रख दिये। युवक भी आत्म-विस्मृत-सा उस सुख में पल-भर के लिए तल्लीन हो गया। नूरी ने धीरे से कहा—'यहाँ से जल्द चले जाओ।

कल बाँध पर पहले पहर की नौबत बजने के समय मौलसिरी के नीचे मिलूँगी।'

युवक धीरे-धीरे वहाँ से खिसक गया। नूरी शिथिल चरण से लड़खड़ाती हुई दूसरे कुंज की ओर चली; जैसे कई प्याले अंगूरी चढ़ा ली हो! उसकी जैसी कितनी ही सुन्दरियाँ अकबर को खोज रही थीं। आकाश का सम्पूर्ण चन्द्र इस खेल को देखकर हँस रहा था। नूरी अब किसी कुंज में घुसने का साहस नहीं रखती थी। नरगिस दूसरे कुंज से निकलकर आ रही थी। उसने नूरी से पूछा–

'क्यों, उधर देख आयी?'

'नहीं, मुझे तो नहीं मिले।'

'तो फिर चल, इधर कामिनी के झाड़ों में देखूँ।'

'तू ही जा, मैं थक गयी हूँ।'

नरगिस चली गयी। मालती की झुकी हुई डाल की अँधेरी छाया में धड़कते हुए हृदय को हाथों में दबाये नूरी खड़ी थी! पीछे से किसी ने उसकी आँखों को बन्द कर लिया। नूरी की धड़कन और बढ़ गयी। उसने साहस से पूछा–

'मैं पहचान गयी!'

'............'

'जहाँपनाह' उसके मुँह से निकला ही था कि अकबर ने उसका मुँह बन्द कर लिया और धीरे से उसके कानों में कहा–

'मरियम को बता देना, सुलताना को नहीं; समझी न! मैं उस कुंज में जाता हूँ।'

अकबर के जाने के बाद ही सुलताना वहाँ आयी। नूरी उसी की छत्रछाया में रहती थी; पर अकबर की आज्ञा! उसने दूसरी ओर सुलताना को बहका दिया। मरियम धीरे-धीरे वहाँ आयी। वह ईसाई बेगम उस आमोद-प्रमोद से परिचित न थी। तो भी यह मनोरंजन उसे अच्छा लगा। नूरी ने अकबरवाला कुंज उसे बता दिया।

घण्टों के बाद जब सब सुन्दरियाँ थक गयी थीं, तब मरियम का हाथ पकड़े अकबर बाहर आये। उस समय नौबतखाने से मीठी-मीठी सोहनी बज

रही थी। अकबर ने एक बार नूरी को अच्छी तरह देखा। उसके कपोलों को थपथपाकर उसको पुरस्कार दिया। आँख-मिचौनी हो गयी!

❒

सिकरी की झील जैसे लहरा रही है, वैसा ही आन्दोलन नूरी के हृदय में हो रहा है। वसन्त की चाँदनी में भ्रम हुआ कि उसका प्रेमी युवक आया है। उसने चौंककर देखा; किन्तु कोई नहीं था। मौलसिरी के नीचे बैठे हुए उसे एक घड़ी से अधिक हो गया। जीवन में आज पहले ही अभिसार का वह साहस कर सकी है। भय से उसका मन काँप रहा है; पर लौट जाने को मन नहीं चाहता। उत्कण्ठा और प्रतीक्षा कितनी पागल सहेलियाँ हैं! दोनों उसे उछालने लगीं।

किसी ने पीछे से आकर कहा—'मैं आ गया।'

नूरी ने घूमकर देखा, लम्बा-सा, गौर वर्ण का युवक उसकी बगल में खड़ा है। वह चाँदनी रात में उसे पहचान गयी। उसने कहा—'शाहजादा याकूब खाँ!'

'हाँ, मैं ही हूँ! कहो, तुमने क्यों बुलाया है?'

नूरी सन्नाटे में आ गयी। इस प्रश्न में प्रेम की गन्ध भी नहीं थी। वह भी महलों में रह चुकी थी। उसने भी पैंतरा बदल दिया।

'आप वहाँ क्यों गये थे?'

'मैं इसका जवाब न दूँ, तो?'

नूरी चुप रही। याकूब खाँ ने कहा—'तुम जानना चाहती हो?'

'न बताइये।'

'बताऊँ तो मुझे...'

'आप डरते हैं, तो न बताइये।'

'अच्छा, तो तुम सच बताओ कि कहाँ की रहनेवाली हो?'

'मैं काश्मीर में पैदा हुई हूँ।'

याकूब खाँ अब उसके समीप ही बैठ गया। उसने पूछा—'कहाँ!'

'श्रीनगर के पास ही मेरा घर है।'

'यहाँ क्या करती हो?'

'नाचती हूँ। मेरा नाम नूरी है।'

'काश्मीर जाने को मन नहीं करता?'

'नहीं।'

'क्यों?'

'वहाँ जाकर क्या करूँगी। सुलतान यूसुफ खाँ ने मेरा घर-बार छीन लिया है। मेरी माँ बेड़ियों में जकड़ी हुई दम तोड़ती होगी या मर गयी होगी।'

'मैं कहकर छुड़वा दूँगा, तुम यहाँ से चलो।'

'नहीं, मैं यहाँ से नहीं जा सकती, पर शाहजादा साहब, आप वहाँ क्यों गये थे, मैं जान गयी।'

'नूरी, तुम जान गयी हो, तो अच्छी बात है। मैं भी बेड़ियों में पड़ा हूँ। यहाँ अकबर के चंगुल में छटपटा रहा हूँ। मैं कल रात को उसी के कलेजे में कटार भोंक देने के लिए गया था।'

'शाहंशाह को मारने के लिए–?' भय से चौंककर नूरी ने कहा।

'हाँ नूरी, वहाँ तुम न आतीं, तो मेरा काम न बिगड़ता। काश्मीर को हड़पने की उसकी...' याकूब रुककर पीछे देखने लगा। दूर कोई चला जा रहा था। नूरी भी उठ खड़ी हुई। दोनों और नीचे झील की ओर उतर गये। जल के किनारे बैठकर नूरी ने कहा–'अब ऐसा न करना।'

'क्यों न करूँ? मुझे काश्मीर से बढ़कर और कौन प्यारा है? मैं उसके लिए क्या नहीं कर सकता?' यह कहकर याकूब ने लम्बी साँस ली। उसका सुन्दर मुख वेदना से विवर्ण हो गया। नूरी ने देखा, वह प्यार की प्रतिमा है। उसके हृदय में प्रेम-लीला करने की वासना बलवती हो चली थी। फिर वह एकान्त और वसन्त की नशीली रात! उसने कहा–'आप चाहे काश्मीर को प्यार करते हों। पर कुछ लोग ऐसे भी हो सकते हैं, जो आपको प्यार करते हों!'

'पागल! मेरे सामने एक ही तस्वीर है। फूलों से भरी, फलों से लदी हुई, सिन्ध और झेलम की घाटियों की हरियाली! मैं इस प्यार को छोड़कर दूसरी ओर...?'

'चुप रहिये, शाहजादा साहब! आप धीरे से नहीं बोल सकते, तो चुप रहिये।'

यह कहकर नूरी ने एक बार फिर पीछे की ओर देखा। वह चंचल हो

रही थी, मानो आज ही उसके वसन्त-पूर्ण यौवन की सार्थकता है। और वह विद्रोही युवक सम्राट अकबर के प्राण लेने और अपने प्राण देने पर तुला है। कहते हैं कि तपस्वी को डिगाने के लिए स्वर्ग की अप्सराएँ आती हैं। आज नूरी अप्सरा बन रही थी। उसने कहा–'तो मुझे काश्मीर ले चलियेगा?' याकूब के समीप और सटकर भयभीत-सी होकर वह बोली–'बोलिये, मुझे ले चलियेगा? मैं भी इन सुनहरी बेड़ियों को तोड़ना चाहती हूँ।'

'तुम मुझको प्यार करती हो नूरी?'

'दोनों लोकों से बढ़कर।' नूरी उन्मादिनी हो रही थी।

'पर मुझे तो अभी एक बार फिर वही करना है, जिसके लिए तुम मना करती हो। बच जाऊँगा, तो देखा जाएगा!'–यह कहकर याकूब ने उसका हाथ पकड़ लिया। नूरी नीचे से ऊपर तक घबराने लगी। उसने अपना सुन्दर मुख याकूब के कन्धे पर रखकर कहा–'नहीं, अब ऐसा न करो, तुमको मेरी कसम!'

सहसा चौंककर युवक फुर्ती से उठ खड़ा हुआ। और नूरी जब तक सँभली, तब तक याकूब वहाँ न था। अभी नूरी दो पग भी बढ़ाने न पायी थी कि मादम तातारी का कठोर हाथ उसके कन्धों पर आ पहुँचा। तातारी ने कहा–'सुलताना तुमको कब से खोज रही है?'

❑

सुलताना बेगम और बादशाह चौसरी खेल रहे थे। उधर पचीसी के मैदान में सुन्दरियाँ गोटें बनकर चाल चल रही थीं। नौबतखाने से पहले पहर की सुरीली शहनाई बज रही थी। नगारे पर अकबर की बाँधी हुई गति में लड़की थिरक रही थी, जिसकी धुन में अकबर चाल भूल गये। उनकी गोट पिट गयी।

पिटी हुई गोट दूसरी न थी, वह थी नूरी। उस दिन की थपकियों ने उसको साहसी बना दिया था। वह मचलती हुई बिसात के बाहर तिवारी में चली आयी। पाँसे हाथ में लिये हुए अकबर उसकी ओर देखने लगे। नूरी ने अल्हड़पन से कहा–'तो मैं मर गयी?'

'तू जीती रह, मरेगी क्यों?' फिर दक्षिण नायक की तरह उसको मनोरंजन करने में चतुर अकबर ने सुलताना की ओर देखकर कहा–'इसका

नाम क्या है?' मन में सोच रहे थे, उस रात की आँख-मिचौनी वाली घटना!

'यह काश्मीर की रहने वाली है। इसका नाम नूरी है। बहुत अच्छा नाचती है।'—सुलताना ने कहा।

'मैंने तो कभी नहीं देखा।'

'तो देखिये न।'

'नूरी! तू इसी शहनाई की गत पर नाच सकेगी?'

'क्यों नहीं जहाँपनाह?'

गोटें अपने-अपने घर में जहाँ-की-तहाँ बैठी रहीं। नूरी का वासना और उन्माद से भरा हुआ नृत्य आरम्भ हुआ। उसके नूपुर खुले हुए बोल रहे थे। वह नाचने लगी, जैसे जलतरंग। वागीश्वरी के विलम्बित स्वरों में अंगों के अनेक मरोड़ों के बाद जब कभी वह चुन-चुनकर एक-दो घुँघरू बजा देती, तब अकबर 'वाह! वाह!' कह उठता। घड़ी-भर नाचने के बाद जब शहनाई बन्द हुई, तब अकबर ने उसे बुलाकर कहा—'नूरी! तू कुछ चाहती है?'

'नहीं, जहाँपनाह!'

'कुछ भी?'

'मैं अपनी माँ को देखना चाहती हूँ! छुट्टी मिले, तो!'—सिर नीचे किये हुए नूरी ने कहा।

'दुत्—और कुछ नहीं?'

'और कुछ नहीं।'

'अच्छा, तो जब मैं काबुल चलने लगूँगा, तब तू भी वहाँ चल सकेगी।'

फिर गोटें चलने लगीं। खेल होने लगा। सुलताना और शाहंशाह दोनों ही इस चिन्ता में थे कि दूसरा हारे। यही तो बात है, संसार चाहता है कि तुम मेरे साथ खेलो, पर सदा तुम्हीं हारते रहो। नूरी फिर गोट बन गयी थी। अब की वही फिर पिटी। उसने कहा—'मैं मर गयी।'

अकबर ने कहा—'तू अलग जा बैठ।' छुट्टी पाते ही थकी हुई नूरी पचीसी के समीप अमराई में जा घुसी। अभी वह नाचने की थकावट से अँगड़ाई ले रही थी कि सहसा याकूब ने आकर उसे पकड़ लिया। उसके शिथिल सुकुमार अंगों को दबाकर उसने कहा—'नूरी, मैं तुम्हारे प्यार को

लौटा देने के लिए आया हूँ।'

व्याकुल होकर नूरी ने कहा—'नहीं, नहीं, ऐसा न करो।'

'मैं आज मरने-मारने पर तुला हूँ।'

'तो क्या तुम आज फिर उसी काम के लिए...'

'हाँ नूरी!'

'नहीं, शाहजादा याकूब! ऐसा न करो। मुझे आज शाहंशाह ने काश्मीर जाने की छुट्टी दे दी है। मैं तुम्हारे साथ भी चल सकती हूँ।'

'पर मैं वहाँ न जाऊँगा। नूरी! मुझे भूल जाओ।'

नूरी उसे अपने हाथों में जकड़े थी; किन्तु याकूब का देश-प्रेम उसकी प्रतिज्ञा की पूर्ति माँग रहा था। याकूब ने कहा—'नूरी! अकबर सिर झुकाने से मान जाय सो नहीं। वह तो झुके सिर पर भी चढ़ बैठना चाहता है। मुझे छुट्टी दो। मैं यही सोचकर सुख से मर सकूँगा कि कोई मुझे प्यार करता है।'

नूरी सिसककर रोने लगी। याकूब का कन्धा उसके आँसुओं की धारा से भीगने लगा। अपनी कठोर भावनाओं से उन्मत्त और विद्रोही युवक शाहजादा ने बलपूर्वक अभी अपने को रमणी के बाहुपाश से छुड़ाया ही था कि चार तातारी दासियों ने अमराई के अन्धकार से निकलकर दोनों को पकड़ लिया।

अकबर की बिसात अभी बिछी थी। पासे अकबर के हाथ में थे। दोनों अपराधी सामने लाये गये। अकबर ने आश्चर्य से पूछा—'याकूब खाँ?'

याकूब के नतमस्तक की रेखाएँ ऐंठी जा रही थीं। वह चुप था। फिर नूरी की ओर देखकर शाहंशाह ने कहा—'तो इसीलिए तू काश्मीर जाने की छुट्टी माँग रही थी?'

वह भी चुप।

'याकूब! तुम्हारा यह लड़कपन यूसुफ खाँ भी न सहते; लेकिन मैं तुम्हें छोड़ देता हूँ। जाने की तैयारी करो। मैं काबुल से लौटकर काश्मीर आऊँगा।'

संकेत पाते ही तातारियाँ याकूब को ले चलीं। नूरी खड़ी रही। अकबर ने उसकी ओर देखकर कहा—'इसे बुर्ज में ले जाओ।'

नूरी बुर्ज के तहखाने में बन्दिनी हुई।

अट्ठारह बरस बाद!

जब अकबर की नवरत्न-सभा उजड़ चुकी थी, उसके प्रताप की ज्योति आनेवाले अन्तिम दिन की उदास और धुँधली छाया में विलीन हो रही थी, हिन्दू और मुस्लिम-एकता का उत्साह शीतल हो रहा था, तब अकबर को अपने पुत्र सलीम से भी भय उत्पन्न हुआ। सलीम ने अपनी स्वतन्त्रता की घोषणा की थी, इसीलिए पिता-पुत्र में मेल होने पर भी आगरा में रहने के लिए सलीम को जगह नहीं थी। उसने दुखी होकर अपनी जन्मभूमि में रहने की आज्ञा माँगी।

सलीम फतहपुर-सीकरी आया। मुगल साम्राज्य का वह अलौकिक इन्द्रजाल! अकबर की यौवन-निशा का सुनहरा स्वप्न—सीकरी का महल—पथरीली चट्टानों पर बिखरा पड़ा था। इतना आकस्मिक उत्थान और पतन! जहाँ एक विश्वजनीन धर्म की उत्पत्ति की सूचना हुई, जहाँ उस धर्मान्धता के युग में एक छत के नीचे ईसाई, पारसी, जैन, इस्लाम और हिन्दू आदि धर्मों पर वाद-विवाद हो रहा था, जहाँ सन्त सलीम की समाधि थी, जहाँ शाह सलीम का जन्म हुआ था, वहीं अपनी अपूर्णता और खँडहरों से अस्त-व्यस्त सीकरी का महल अकबर के जीवनकाल में ही, निर्वासिता सुन्दरी की तरह दया का पात्र, शृंगारविहीन और उजाड़ पड़ा था। अभी तक अकबर के शून्य शयन-मन्दिर में विक्रमादित्य के नवरत्नों का छाया-पूर्ण अभिनय चल रहा था। अभी तक सराय में कोई यात्री सन्त की समाधि का दर्शन करने को आता ही रहता! अभी तक बुर्जों के तहखानों में कैदियों का अभाव न था!

सीकरी की दशा देखकर सलीम का हृदय व्यथित हो उठा। अपूर्व शिल्प बिलख रहे थे। गिरे हुए कँगूरे चरणों में लोट रहे थे। अपनी माता के महल में जाकर भरपेट रोया। वहाँ जो इने-गिने दास और दासियाँ और उनके दारोगे बच रहे थे, भिखमंगों की-सी दशा में फटे चीथड़ों में उसके सामने आये। सब समाधि के लंगर-खाने से भोजन पाते थे। सलीम ने समाधि का दर्शन करके पहली आज्ञा दी कि तहखानों में जितने बन्दी हैं, सब छोड़ दिये जायें। सलीम को मालूम था कि यहाँ कोई राजनैतिक बन्दी

नहीं है। दुर्गन्ध से सने हुए कितने ही नर-कंकाल सन्त सलीम की समाधि पर आकर प्रसन्नता से हिचकी लेने लगे और युवराज सलीम के चरणों को चूमने लगे।

उन्हीं में एक नूरी भी थी। उसका यौवन कारागार की कठिनाइयों से कुचल गया था। सौन्दर्य अपने दो-चार रेखा-चिह्न छोड़कर समय के साथ पंखों पर बैठकर उड़ गया था।

सब लोगों की जीविका बँटने लगी। लंगरखाने का नया प्रबन्ध हुआ। उसमें से नूरी को सराय में आये हुए यात्रियों को भोजन देने का कार्य मिला।

वैशाख की चाँदनी थी। झील के किनारे मौलसिरी के नीचे कव्वालों का जमघट था। लोग मस्ती में झूम-झूमकर गा रहे थे।

'मैंने अपने प्रियतम को देखा था।'

'वह सौन्दर्य, मदिरा की तरह नशीला, चाँदनी-सा उज्ज्वल, तरंगों-सा यौवनपूर्ण और अपनी हँसी-सा निर्मल था।'

'किन्तु हलाहल भरी उसकी अपांगधारा! आह निर्दय!'

'मरण और जीवन का रहस्य उन संकेतों में छिपा था।'

'आज भी न जाने क्यों भूलने में असमर्थ हूँ।'

'कुंजों में फूलों के झुरमुट में तुम छिप सकोगे। तुम्हारा वह चिर विकासमय सौन्दर्य! वह दिगन्तव्यापी सौरभ! तुमको छिपने देगा?'

'मेरी विकलता को देखकर प्रसन्न होनेवाले! मैं बलिहारी!'

नूरी वहीं खड़ी होकर सुन रही थी। वह कव्वालों के लिए भोजन लिवाकर आयी थी। गाढ़े का पायजामा और कुर्त्ता उस पर गाढ़े की ओढ़नी। उदास और दयनीय मुख पर निरीहता की शान्ति! नूरी में विचित्र परिवर्तन था। उसका हृदय अपनी विवश पराधीनता भोगते-भोगते शीतल और भगवान् की करुणा का अवलम्बी बन गया था। जब सन्त सलीम की समाधि पर वह बैठकर भगवान् की प्रार्थना करती थी, तब उसके हृदय में किसी प्रकार की सांसारिक वासना या अभाव-अभियोग का योग न रहता।

आज न जाने क्यों, इस संगीत ने उसकी सोई हुई मनोवृत्ति को जगा दिया। वही मौलसिरी का वृक्ष था। संगीत का वह अर्थ चाहे किसी अज्ञात लोक की परम सीमा तक पहुँचता हो; किन्तु आज तो नूरी अपने संकेतस्थल

की वही घटना स्मरण कर रही थी, जिसमें एक सुन्दर युवक से अपने हृदय की बातों को खोल देने का रहस्य था।

वह काश्मीर का शाहजादा आज कहाँ होगा? नूरी ने चंचल होकर वहीं थालों को रखवा दिया और स्वयं धीरे-धीरे अपने उत्तेजित हृदय को दबाये हुए सन्त की समाधि की ओर चल पड़ी।

संगमरमर की जालियों से टिककर वह बैठ गयी। सामने चन्द्रमा की किरणों का समारोह था। वह ध्यान में निमग्न थी। उसकी निश्चल तन्मयता के सुख को नष्ट करते हुए किसी ने कहा–'नूरी! क्या अभी सराय में खाना न जायेगा?'

वह सावधान होकर उठ खड़ी हुई। लंगरखाने से रोटियों का थाल लेकर सराय की ओर चल पड़ी। सराय के फाटक पर पहुँचकर वह निराश्रित भूखों को खोज-खोजकर रोटियाँ देने लगी।

एक कोठरी के समीप पहुँचकर उसने देखा कि एक युवक टूटी हुई खाट पर पड़ा कराह रहा है। उसने पूछा–'क्या है? भाई, तुम बीमार हो क्या? मैं तुम्हारे लिए कुछ कर सकती हूँ तो बताओ।'

'बहुत कुछ।'–टूटे स्वर से युवक ने कहा।

नूरी भीतर चली गयी। उसने कहा–'क्या है, कहिये?'

'पास में पैसा न होने से ये लोग मेरी खोज नहीं लेते। आज सवेरे से मैंने जल नहीं पिया। पैर इतने दुख रहे हैं कि मैं उठ नहीं सकता।'

'कुछ खाया भी न होगा।'

'कल रात को यहाँ पहुँचने पर थोड़ा-सा खा लिया था। पैदल चलने से पैर सूज आये हैं तब से यों ही पड़ा हूँ।'

नूरी थाल रखकर बाहर चली गयी। पानी लेकर आयी। उसने कहा–'लो, अब उठकर कुछ रोटियाँ खाकर पानी पी लो।'

युवक उठ बैठा। कुछ अन्न-जल पेट में जाने के बाद जैसे उसे चेतना आ गयी। उसने पूछा–'तुम कौन हो?'

'मैं लंगरखाने से रोटियाँ बाँटती हूँ। मेरा नाम नूरी है। जब तक तुम्हारी पीड़ा अच्छी न होगी, मैं तुम्हारी सेवा करूँगी। रोटियाँ पहुँचाऊँगी। जल रख जाऊँगी। घबराओ नहीं। वह मालिक सबको देखता है।'

युवक की विवर्ण आँखें प्रार्थना में ऊपर की ओर उठ गयीं। फिर दीर्घ निःश्वास लेकर पूछा–'क्या नाम बताया? नूरी न?'

'हाँ, यही तो!'

'अच्छा, तुम यहाँ महलों में जाती होगी।'

'महल! हाँ, महलों की दीवारें तो खड़ी हैं।'

'तब तुम नहीं जानती होगी। उसका भी नाम नूरी था! वह काश्मीर की रहनेवाली थी।'

'उससे आपको क्या काम है?'–मन-ही-मन काँपकर नूरी ने पूछा।

'मिले तो कह देना कि एक अभागे ने तुम्हारे प्यार को ठुकरा दिया था। वह काश्मीर का शाहजादा था। पर अब तो भिखमंगे से भी...'–कहते-कहते उसकी आँखों से आँसू बहने लगे।

नूरी ने उसके आँसू पोंछकर पूछा–'क्या अब भी उससे मिलने को मन करता है?'

वह सिसककर कहने लगा–'मेरा नाम याकूब खाँ है। मैंने अकबर के सामने तलवार उठाई और लड़ा भी। जो कुछ मुझसे हो सकता था, वह काश्मीर के लिए मैंने किया। इसके बाद बिहार के भयानक तहखाने में बेड़ियों से जकड़ा हुआ कितने दिनों तक पड़ा रहा। सुना है कि सुलतान सलीम ने वहाँ के अभागों को फिर से धूप देखने के लिए छोड़ दिया है। मैं वहीं से ठोकरें खाता हुआ चला आ रहा हूँ। हथकड़ियों से छूटने पर किसी अपने प्यार करनेवाले को देखना चाहता था। इसी से सीकरी चला आया। देखता हूँ कि मुझे वह भी न मिलेगा।'

याकूब अपनी उखड़ी हुई साँसों को सँभालने लगा था और नूरी के मन में विगत काल की घटना, अपने प्रेम-समर्पण का उत्साह, फिर उस गनरवी युवक की अवहेलना राजीव हो उठी।

आज जीवन का क्या रूप होता? आशा से भरी संसार-यात्रा किस सुन्दर विश्राम-भवन में पहुँचाती? अब तक संसार के कितने सुन्दर रहस्य फूलों की तरह अपनी पंखुड़ियाँ खोल चुके होते? अब प्रेम करने का दिन तो नहीं रहा। हृदय में इतना प्यार कहाँ रहा, जो दूँगी, जिससे यह ठूँठ हरा हो जायेगा। नहीं। नूरी ने मोह का जाल छिन्न कर दिया है। वह अब उसमें न

पड़ेगी। तो भी इस दयनीय मनुष्य की सेवा; किन्तु यह क्या? याकूब हिचकियाँ ले रहा था। उसकी पुकार का सन्तोषजनक उत्तर नहीं मिला। निर्मम-हृदय नूरी ने विलम्ब कर दिया। वह विचार करने लगी थी और याकूब को इतना अवसर नहीं था!

नूरी उसका सिर हाथों पर लेकर उसे लिपटने लगी। साथ ही अभागे याकूब के खुले हुए प्यासे मुँह में, नूरी के आँसू टपाटप गिरने लगे।

परिवर्तन

चन्द्रदेव ने एक दिन इस जनाकीर्ण संसार में अपने को अकस्मात् ही समाज के लिए अत्यन्त आवश्यक समझ लिया और समाज भी उसकी आवश्यकता का अनुभव करने लगा। छोटे-से उपनगर में, प्रयाग विश्वविद्यालय से लौटकर, जब उसने अपनी ज्ञान-गरिमा का प्रभाव, वहाँ के सीधे-सादे निवासियों पर डाला, तो लोग आश्चर्य-चकित होकर सम्भ्रम से उसकी ओर देखने लगे, जैसे जौहरी हीरा-पन्ना परखता हो। उसकी थोड़ी-सी सम्पत्ति, बिसातखाने की दूकान और रुपयों का लेन-देन और उसका शारीरिक गठन सौन्दर्य का सहायक बन गया था।

कुछ लोग तो आश्चर्य करते थे कि वह कहीं का जज और कलेक्टर न होकर यह छोटी-सी दुकानदारी क्यों चला रहा है, किन्तु बातों में चन्द्रदेव स्वतन्त्र व्यवसाय की प्रशंसा के पुल बाँध देता और नौकरी की नरक से उपमा दे देता, तब उसकी कर्तव्य-परायणता का वास्तविक मूल्य लोगों की समझ में आ जाता।

यह तो हुई बाहर की बात। भीतर अपने अन्तःकरण में चन्द्रदेव इस बात को अच्छी तरह तोल चुका था कि जज-कलेक्टर तो क्या, वह कहीं 'किरानी' होने की भी क्षमता नहीं रखता था। तब थोड़ा-सा विनय और त्याग का यश लेते हुए संसार के सहज-लब्ध सुख को वह क्यों छोड़ दे? अध्यापकों के रटे व्याख्यान उसके कानों में अभी गूँज रहे थे। पवित्रता, मलिनता, पुण्य और पाप उसके लिए गम्भीर प्रश्न न थे। वह तर्कों के बल पर उनसे नित्य खिलवाड़ किया करता और भीतर घर में जो एक सुन्दर स्त्री थी, उसके प्रति अपने सम्पूर्ण असन्तोष को दार्शनिक वातावरण में ढँककर निर्मल वैराग्य की, संसार से निर्लिप्त रहने की चर्चा भी उन भोले-भाले

सहयोगियों में किया ही करता।

चन्द्रदेव की इस प्रकृति से ऊबकर उसकी पत्नी मालती प्रायः अपनी माँ के पास अधिक रहने लगी; किन्तु जब लौटकर आती, तो गृहस्थी में उसी कृत्रिम वैराग्य का अभिनय उसे खला करता। चन्द्रदेव ग्यारह बजे तक दूकान का काम देखकर, गप लड़ाकर, उपदेश देकर और व्याख्यान सुनाकर जब घर में आता, तब एक बड़ी दयनीय परिस्थिति उत्पन्न होकर उस साधारणतः सजे हुए मालती के कमरे को और भी मलिन बना देती। फिर तो मालती मुँह ढँककर आँसू गिराने के अतिरिक्त और कर ही क्या सकती थी? यद्यपि चन्द्रदेव का बाह्य आचरण उसके चरित्र के सम्बन्ध में सशंक होने का किसी को अवसर नहीं देता था, तथापि मालती अपनी चादर से ढँके हुए अन्धकार में अपनी सौत की कल्पना करने के लिए स्वतन्त्र थी ही।

वह धीरे-धीरे रुग्ण हो गयी।

❑

एक दिन चन्द्रदेव के पास बैठनेवालों ने सुना कि वह कहीं बाहर जाने वाला है। दूसरे दिन चन्द्रदेव की स्त्री-भक्ति की चर्चा छिड़ी। सब लोग कहने लगे—'चन्द्रदेव कितना उदार, सहृदय व्यक्ति है। स्त्री के स्वास्थ्य के लिए कौन इतना रुपया खर्च करके पहाड़ जाता है। कम-से-कम...नगर में तो कोई भी नहीं।'

चन्द्रदेव ने बहुत गम्भीरता से मित्रों में कहा—'भाई, क्या करूँ, मालती को जब यक्ष्मा हो गया है, तब तो पहाड़ लिवा जाना अनिवार्य है। रुपया-पैसा तो आता-जाता रहेगा।' सब लोगों ने इसका समर्थन किया।

चन्द्रदेव पहाड़ चलने को प्रस्तुत हुआ। विवश होकर मालती को भी जाना ही पड़ा। लोक-लाज भी तो कुछ है। और जब कि सम्मानपूर्वक पति अपना कर्त्तव्य पालन कर रहा हो तो स्त्री अस्वीकार कैसे कर सकती?

इस एकान्त में जब कि पति और पत्नी दोनों ही एक-दूसरे के सामने चौबीसों घण्टे रहने लगे, तब आवरण का व्यापार अधिक नहीं चल सकता था। बाध्य होकर चन्द्रदेव को सहायता-तत्पर बनना पड़ा। सहायता में तत्पर होना सामाजिक प्राणी का जन्मसिद्ध स्वभाव, सम्भवतः मनुष्यता का पूर्ण निदर्शन है। परन्तु चन्द्रदेव के पास तो दूसरा उपाय ही नहीं था; इसलिए

सहायता का बाह्य प्रदर्शन धीरे-धीरे वास्तविक होने लगा।

एक दिन मालती चीड़ के वृक्ष की छाया में बैठी हुई बादलों की दौड़-धूप देख रही थी और मन-ही-मन विचार कर रही थी चन्द्रदेव के सेवा-अभिनय पर। सहसा उसका जी भर आया। वह पहाड़ी रंगीन सन्ध्या की तरह किसी मानसिक वेदना से लाल-पीली हो उठी। उसे अपने ऊपर क्रोध आया। उसी समय चन्द्रदेव ने जो उससे कुछ दूर बैठा था, पुकारकर कहा—'मालती, अब चलो न! थक गयी हो न!'

'वहीं सामने तो पहुँचना है, तुम्हें जल्दी हो तो चले जाओ, 'बूटी' को भेज दो, मैं उसके साथ चली आऊँगी।'

'अच्छा', कहकर चन्द्रदेव आज्ञाकारी अनुचर की तरह चला। वह तनिक भी विरोध करके अपने स्नेह-प्रदर्शन में कमी करना नहीं चाहता था। मालती अविचल बैठी रही। थोड़ी देर में बूटी आयी; परन्तु मालती को उसके आने में विलम्ब समझ पड़ा। वह इसके पहले भी पहुँच सकती थी। मालती के लिए पहाड़ी युवती बूटी, परिचारिका के रूप में रख ली गयी थी। यह नाटी-सी गोल-मटोल स्त्री गेंद की तरह उछलती चलती थी। बात-बात पर हँसती और फिर उस हँसी को छिपाने का प्रयत्न करती रहती। बूटी ने कहा—

'चलिये, अब तो किरनें डूब रही हैं, और मुझे भी काम निपटाकर छुट्टी पर जाना है।'

'छुट्टी!' आश्चर्य से झल्लाकर मालती ने कहा।

'हाँ, अब मैं काम न करूँगी!'

'क्यों? तुझे क्या हो गया बूटी!'

'मेरा ब्याह इसी महीने में हो जायेगा।'—कहते हुए उस स्वतन्त्र युवती ने हँस दिया। 'वन की हिरणी अपने आप जाल में क्यों फँसने जा रही है?' मालती को आश्चर्य हुआ। उसने चलते-चलते पूछा—'भला, तुझे दूल्हा कहाँ से मिल गया?'

'ओहो, तब आप क्या जानें कि हम लोगों के ब्याह की बात पक्की हुए आठ बरस हो गये? नीलधर चला गया था लखनऊ कमाने, और मैंने भी हर साल यहीं नौकरी करके कुछ-न-कुछ यही पाँच सौ रुपये बचा लिए हैं।

अब वह भी एक हजार और गहने लेकर परसों पहुँच जायेगा। फिर हम लोग ऊँचे पहाड़ पर अपने गाँव में चले जायेंगे। वहीं हम लोगों का घर बसेगा। खेती कर लूँगी। बाल-बच्चों के लिए भी तो कुछ चाहिए। फिर चाहिए बुढ़ापे के लिए, जो इन पहाड़ों में कष्टपूर्ण जीवन-यात्रा के लिए अत्यन्त आवश्यक है।'

वह प्रसन्नता से बातें करती, उछलती हुई चली जा रही थी और मालती हाँफने लगी थी। मालती ने कहा—'तो क्यों दौड़ी जा रही है? अभी ही तेरा दूल्हा नहीं मिला जा रहा है।'

❒

कमरे के दोनों ओर पलँग बिछे थे। मच्छरदानी में दो व्यक्ति सोने का अभिनय कर रहे थे। चन्द्रदेव सोच रहे थे—'यह बूटी! अपनी कमाई से घर बसाने जा रही है। कितना प्रगाढ़ प्रेम इन दोनों में होगा? और मालती! बिना कुछ हाथ-पैर हिलाये-डुलाये अपनी सम्पूर्ण शक्ति से निष्क्रिय प्रतिरोध करती हुई, सुखभोग करने पर भी असन्तुष्ट!' चन्द्रदेव था तार्किक। वह सोचने लगा, 'तब क्या मुझे इसे प्रसन्न करने की चेष्टा छोड़ देनी चाहिए? मरे चाहे जिये! मैंने क्या नहीं किया इसके लिए, फिर भी भौंहें चढ़ी ही रहें, तो मैं क्या करूँ? मुझे क्या मिलता है इस हृदयहीन बोझ को ढोने से? बस, अब मैं घर चलूँगा। फिर—मालती के...बाद एक दूसरी स्त्री। अरे! वह कितनी आज्ञाकारिणी—किन्तु क्या यह मर जायेगी! मनुष्य कितना स्वार्थी है। फिर मैं ही क्यों नहीं मर जाऊँ। किन्तु पहले कौन मरे? मेरे मर जाने पर वह जीती रहेगी। इसके लिए लोग कितने तरह के कलंक, कितनी बुराई की बातें सोचेंगे। और यही जाने क्या कर बैठे! तब इसे तो लज्जित होना ही पड़ेगा। मुझे भी स्वर्ग में कितना अपमान भोगना पड़ेगा। मालती के मरने पर लोकापवाद से मुक्त मैं दूसरा ब्याह करूँगा। और पतिव्रता मालती स्वर्ग में भी मेरी शुभ-कामना करेगी। तो फिर यही ठीक रहा। मान की रक्षा के लिए लोग कितने बड़े-बड़े बलिदान कर चुके हैं। क्या मैं उनका अनुकरण नहीं कर सकता! मालती सम्मान की वेदी पर बलि चढ़े। वही—पहले मरे—फिर देखा जायेगा। राम की तरह एक पत्नीव्रत कर सकूँगा, तो कर लूँगा, नहीं तो उँहूँ—'

चन्द्रदेव की खुली आँखों के सामने मच्छरदानी के जालीदार कपड़े पर एक चित्र खिंचा–एक युवती मुस्कराती हुई चाय की प्याली बढ़ा रही है। चन्द्रदेव ने न पीने की सूचना पहले ही दे दी थी। फिर उसके अनुनय में बड़ी तरावट थी। उस युवती के रोम-रोम कहते थे, 'ले लो!'

चन्द्रदेव यह स्वप्न देखकर निश्चिन्त हो गया। उसने अपने बनावटी उपचार का–सेवा-भाव का अन्त कर लिया था।

दूसरी मच्छरदानी में थकी हुई मालती थी। सोने के पहले उसे अपने ही ऊपर रोष आ गया था–'वह क्यों न ऐसी हुई कि चन्द्रदेव उसके चरणों में लोटता, उसके मान को, उसके प्रणयरोष को धीरे-धीरे सहलाया करता! तब क्या वैसी होने की चेष्टा करे; किन्तु अब करके क्या होगा? जब यौवन का उल्लास था, कुसुम में मकरन्द था, चाँदनी पर मेघ की छाया न थी, तब न कर सकी, तो अब क्या? बूटी साधारण मजूरी करके स्वस्थ, सुन्दर, आकर्षण और आदर की पात्रा बन सकती है। उसका यौवन ढालवें पथ की ओर मुँह किये है, फिर भी उसमें कितना उल्लास है?

'यह आत्म-विश्वास! यही तो जीवन है; किन्तु, क्या मैं पा सकती हूँ! क्या मेरे अंग फिर से गुदगुदे हो जायेंगे। लाली दौड़ आवेगी? हृदय में उच्छृंखल उल्लास, हँसी से भरा आनन्द नाचने लगेगा?' उसने एक बार अपने दुर्बल हाथों को उठाकर देखा कि चूड़ियाँ कलाई से बहुत नीचे खिसक आयी थीं। सहसा उसे स्मरण हुआ कि वह बूटी अभी दो बरस छोटी है। दो बरस में वह स्वस्थ, सुन्दर, हृष्ट-पुष्ट और हँसमुख हो सकती है, होकर रहेगी। वह मरेगी नहीं। ना, कभी नहीं, चन्द्रदेव को दूसरे का न होने देगी। विचार करते-करते फिर सो गयी।

सवेरे दोनों मच्छरदानियाँ उठीं। चन्द्रदेव ने मालती को देखा–वह प्रसन्न थी। उसके कपोलों का रंग बदल गया था। उसे भ्रम हुआ, 'क्या?' उसने आँखें मिचमिचाकर फिर देखा! इस क्रिया पर मालती हँस पड़ी। चन्द्रदेव झल्लाकर उठ बैठा। वह कहना चाहता था कि 'मैं चलना चाहता हूँ। रुपये का अभाव है! कब तक यहाँ पहाड़ पर पड़ा रहूँ? तुम्हारा अच्छा होना असम्भव है। मजदूरनी भी छोड़कर चली गयी। और भी अनेक असुविधाएँ हैं। मैं तो चलूँगा।'

परन्तु वह कह न पाया। कुछ सोच रहा था। निष्ठुर प्रहार करने में हिचक रहा था। सहसा मालती पास चली आयी। मच्छरदानी उठाकर मुस्कराती हुई बोली–'चलो, घर चलें! अब तो मैं अच्छी हूँ?'

चन्द्रदेव ने आश्चर्य से देखा कि–मालती दुर्बल है–किन्तु रोग के लक्षण नहीं रहे। उसके अंग-अंग पर स्वाभाविक रंग प्रसन्नता बनकर खेल रहा था!

सन्देह

रामनिहाल अपना बिखरा हुआ सामान बाँधने में लगा। जंगले में धूप आकर उसके छोटे-से शीशे पर तड़प रही थी। अपना उज्ज्वल आलोक-खण्ड, वह छोटा-सा दर्पण बुद्ध की सुन्दर प्रतिमा को अर्पण कर रहा था। किन्तु प्रतिमा ध्यानमग्न थी। उसकी आँखें धूप से चौंधियाती न थीं। प्रतिमा का शान्त गम्भीर मुख और भी प्रसन्न हो रहा था। किन्तु रामनिहाल उधर देखता न था। उसके हाथों में था एक कागजों का बण्डल, जिसे सन्दूक में रखने के पहले वह खोलना चाहता था। पढ़ने की इच्छा थी, फिर भी न जाने क्यों हिचक रहा था और अपने को मना कर रहा था, जैसे किसी भयानक वस्तु से बचने के लिए कोई बालक को रोकता हो।

बण्डल तो रख दिया पर दूसरा बड़ा-सा लिफाफा खोल ही डाला। एक चित्र उसके हाथों में था और आँखों में थे आँसू। कमरे में अब दो प्रतिमा थीं। बुद्धदेव अपनी विराग-महिमा में निमग्न। रामनिहाल रामशैल-सा अचल, जिसमें से हृदय का द्रव आँसुओं की निर्झरिणी बनकर धीरे-धीरे बह रहा था।

किशोरी ने आकर हल्ला मचा दिया—'भाभी, अरे भाभी! देखा नहीं तूने, न! निहाल बाबू रो रहे हैं। अरे, तू चल भी!'

श्यामा वहाँ आकर खड़ी हो गयी। उसके आने पर भी रामनिहाल उसी भाव में विस्मृत-सा अपनी करुणा-धारा बहा रहा था। श्यामा ने कहा—'निहाल बाबू!'

निहाल ने आँखें खोलकर कहा—'क्या है?...अरे, मुझे क्षमा कीजिये।' फिर आँसू पोंछने लगा।

'बात क्या है? कुछ सुनूँ भी। तुम क्यों जाने के समय ऐसे दुखी हो रहे हो? क्या हम लोगों से कुछ अपराध हुआ?'

'तुमसे अपराध होगा? यह क्या कह रही हो? मैं रोता हूँ, इसमें मेरी ही भूल है। प्रायश्चित करने का यह ढंग ठीक नहीं, यह मैं धीरे-धीरे समझ रहा हूँ। किन्तु करूँ क्या? यह मन नहीं मानता।'

श्यामा जैसे सावधान हो गयी। उसने पीछे फिरकर देखा कि किशोरी खड़ी है। श्यामा ने कहा–'जा बेटी! कपड़े धूप में फैले हैं, वहीं बैठ!' किशोरी चली गयी। अब जैसे सुनने के लिए प्रस्तुत होकर श्यामा एक चटाई खींचकर बैठ गयी। उसके सामने छोटी-सी प्रतिमा सागवान की सुन्दर मेज पर धूप के प्रतिबिम्ब में हँस रही थी। रामनिहाल कहने लगा–

'श्यामा! तुम्हारा कठोर व्रत, वैधव्य का आदर्श देखकर मेरे हृदय में विश्वास हुआ कि मनुष्य अपनी वासनाओं का दमन कर सकता है। किन्तु तुम्हारा अवलम्ब बड़ा दृढ़ है। तुम्हारे सामने बालकों का झुण्ड हँसता, खेलता, लड़ता, झगड़ता है। और तुमने जैसे बहुत-सी देव-प्रतिमाएँ, शृंगार से सजाकर हृदय की कोठरी को मन्दिर बना दिया। किन्तु मुझको वह कहाँ मिलता। भारत के भिन्न-भिन्न प्रदेशों में छोटा-मोटा व्यवसाय, नौकरी और पेट पालने की सुविधाओं को खोजता हुआ जब तुम्हारे घर में आया, तो मुझे विश्वास हुआ कि मैंने घर पाया। मैं जब से संसार को जानने लगा, तभी से मैं गृहहीन था। मेरा सन्दूक और ये थोड़े-से सामान, जो मेरे उत्तराधिकार का अंश था, अपनी पीठ पर लादे हुए घूमता रहा। ठीक उसी तरह, जैसे कंजर अपनी गृहस्थी टट्टू पर लादे हुए घूमता है।

'मैं चतुर था, इतना चतुर जितना मनुष्य को न होना चाहिए; क्योंकि मुझे विश्वास हो गया है कि मनुष्य अधिक चतुर बनकर अपने को अभागा मान लेता है, और भगवान् की दया से वंचित हो जाता है।

'मेरी महत्त्वाकांक्षा, मेरे उन्नतिशील विचार मुझे बराबर दौड़ाते रहे। मैं अपनी कुशलता से अपने भाग्य को धोखा देता रहा। यह भी मेरा पेट भर देता था। कभी-कभी मुझे ऐसा मालूम होता कि यह दाँव बैठा कि मैं अपने आप पर विजयी हुआ। और मैं सुखी होकर, सन्तुष्ट होकर चैन से संसार के एक कोने में बैठ जाऊँगा; किन्तु वह मृग-मरीचिका थी।

'मैं जिनके यहाँ नौकरी अब तक करता रहा, वे लोग बड़े ही सुशिक्षित और सज्जन हैं। मुझे मानते भी बहुत हैं। तुम्हारे यहाँ घर का-सा

सुख है; किन्तु यह सब मुझे छोड़ना पड़ेगा ही।'–इतनी बात कहकर रामनिहाल चुप हो गया।

'तो तुम काम की एक बात न कहोगे। व्यर्थ ही इतनी...' श्यामा और कुछ कहना चाहती थी कि उसे रोककर रामनिहाल कहने लगा–'तुमको मैं अपना शुभचिन्तक, मित्र और रक्षक समझता हूँ, फिर तुमसे न कहूँगा, तो यह भार कब तक ढोता रहूँगा! लो सुनो। यह चैत है न, हाँ ठीक! कार्तिक की पूर्णिमा थी। मैं काम-काज से छुट्टी पाकर सन्ध्या की शोभा देखने के लिए दशाश्वमेध घाट पर जाने के लिए तैयार था कि ब्रजकिशोर बाबू ने कहा–'तुम तो गंगा किनारे टहलने जाते ही हो। आज मेरे एक सम्बन्धी आ गये हैं, इन्हें भी एक बजरे पर बैठाकर घुमाते आओ, मुझे आज छुट्टी नहीं है।'

'मैंने स्वीकार कर लिया। ऑफिस में बैठा रहा। थोड़ी देर में भीतर से एक पुरुष के साथ एक सुन्दरी स्त्री निकली और मैं समझ गया कि मुझे इन्हीं लोगों के साथ जाना होगा। ब्रजकिशोर बाबू ने कहा–'मानमन्दिर घाट पर बजरा ठीक है। निहाल आपके साथ जा रहे हैं। कोई असुविधा न होगी। इस समय मुझे क्षमा कीजिये। आवश्यक काम है।'

'पुरुष के मुँह पर की रेखाएँ कुछ तन गयीं। स्त्री ने कहा–'अच्छा है। आप अपना काम कीजिये। हम लोग तब तक घूम आते हैं।'

'हम लोग मानमन्दिर पहुँचे। बजरे पर चाँदनी बिछी थी। पुरुष–'मोहन बाबू' जाकर ऊपर बैठ गये। पैड़ी लगी थी। मनोरमा को चढ़ने में जैसे डर लग रहा था। मैं बजरे के कोने पर खड़ा था। हाथ बढ़ाकर मैंने कहा, आप चली आइये, कोई डर नहीं। उसने हाथ पकड़ लिया। ऊपर आते ही मेरे कान में धीरे से उसने कहा–'मेरे पति पागल बनाये जा रहे हैं। कुछ-कुछ हैं भी। तनिक सावधान रहियेगा। नाव की बात है।'

'मैंने कह दिया–'कोई चिन्ता नहीं' किन्तु ऊपर जाकर बैठ जाने पर भी मेरे कानों के समीप उस सुन्दर मुख का सुरभित निश्वास अपनी अनुभूति दे रहा था। मैंने मन को शान्त किया। चाँदनी निकल आयी थी। घाट पर आकाश-दीप जल रहे थे और गंगा की धारा में भी छोटे-छोटे दीपक बहते हुए दिखाई देते थे।

'मोहन बाबू की बड़ी-बड़ी गोल आँखें और भी फैल गयीं। उन्होंने कहा—'मनोरमा, देखो, इस दीपदान का क्या अर्थ है, तुम समझती हो?'

'गंगाजी की पूजा, और क्या?'—मनोरमा ने कहा।

'यही तो मेरा और तुम्हारा मतभेद है। जीवन के लघु दीप को अनन्त की धारा में बहा देने का यह संकेत है। आह! कितनी सुन्दर कल्पना!'—कहकर मोहन बाबू जैसे उच्छ्वसित हो उठे। उनकी शारीरिक चेतना मानसिक अनुभूति से मिलकर उत्तेजित हो उठी। मनोरमा ने मेरे कानों में धीरे से कहा—'देखा न आपने!'

'मैं चकित हो रहा था। बजरा पंचगंगाघाट के समीप पहुँच गया था। तब हँसते हुए मनोरना ने अपने पति से कहा—'और यह बाँसों में जो टँगे हुए दीपक हैं, उन्हें आप क्या कहेंगे?'

'तुरन्त ही मोहन बाबू ने कहा—'आकाश भी असीम है न। जीवन-दीप को उसी ओर जाने के लिए यह भी संकेत है।' फिर हाँफते हुए उन्होंने कहना आरम्भ किया—'तुम लोगों ने मुझे पागल समझ लिया है, यह मैं जानता हूँ। ओह! संसार की विश्वासघात की ठोकरों ने मेरे हृदय को विक्षिप्त बना दिया है। मुझे उससे विमुख कर दिया है। किसी ने मेरे मानसिक विप्लवों में मुझे सहायता नहीं दी। मैं ही सबके लिए मरा करूँ। यह अब मैं नहीं कर सकता। मुझे अकपट प्यार की आवश्यकता है। जीवन में वह कभी नहीं मिला! तुमने भी मनोरमा! तुमने भी, मुझे—'

'मनोरमा घबरा उठी थी। उसने कहा—'चुप रहिये, आपकी तबीयत बिगड़ रही है, शान्त हो जाइये!'

'क्यों शान्त हो जाऊँ! रामनिहाल को देखकर चुप रहूँ। वह जान जायें, इसमें मुझे कोई भय नहीं। तुम लोग छिपाकर सत्य को छलना क्यों बनाती हो?' मोहन बाबू के श्वासों की गति तीव्र हो उठी। मनोरमा ने हताश भाव से मेरी ओर देखा। वह चाँदनी रात में विशुद्ध प्रतिमा-सी निश्चेष्ट हो रही थी।

'मैंने सावधान होकर कहा—'माँझी, अब घूम चलो।' कार्तिक की रात चाँदनी से शीतल हो चली थी। नाव मानमन्दिर की ओर घूम चली। मैं मोहन बाबू के मनोविकार के सम्बन्ध में सोच रहा था। कुछ देर चुप रहने के बाद

मोहन बाबू फिर अपने आप कहने लगे–

'ब्रजकिशोर को मैं पहचानता हूँ। मनोरमा, उसने तुम्हारे साथ मिलकर जो षड्यन्त्र रचा है, मुझे पागल बना देने का जो उपाय हो रहा है, उसे मैं समझ रहा हूँ। तो–'

'ओह! आप चुप न रहेंगे? मैं कहती हूँ न! यह व्यर्थ का सन्देह आप मन से निकाल दीजिये या मेरे लिए संखिया मँगा दीजिये। छुट्टी हो।'

'स्वस्थ होकर बड़ी कोमलता से मोहन बाबू कहने लगे–'तुम्हारा अपमान होता है! सबके सामने मुझे यह बातें न कहनी चाहिए। यह मेरा अपराध है। मुझे क्षमा करो, मनोरमा!' सचमुच मनोरमा के कोमल चरण मोहन बाबू के हाथ में थे! वह पैर छुड़ाती हुई पीछे खिसकी। मेरे शरीर से उसका स्पर्श हो गया, वह क्षुब्ध और संकोच में ऊभ-चूभ रमणी जैसे किसी का आशय पाने के लिए व्याकुल हो गयी थी। मनोरमा ने दीनता से मेरी ओर देखते हुए कहा–'आप देखते हैं?'

'सचमुच मैं देख रहा था। गंगा की घोर धारा पर बजरा फिसल रहा था। नक्षत्र बिखर रहे थे। और एक सुन्दरी युवती मेरा आश्रय खोज रही थी। अपनी सब लज्जा और अपमान लेकर वह दुर्वह सन्देह-भार से पीड़ित स्त्री जब कहती थी कि 'आप देखते हैं न' तब वह मानो मुझसे प्रार्थना करती थी कि कुछ मत देखो, मेरा व्यंग्य-उपहास देखने की वस्तु नहीं।

'मैं चुप था। घाट पर बजरा लगा। फिर वह युवती मेरा हाथ पकड़कर पैड़ी पर से सम्हली हुई उतरी। और मैंने एक बार न जाने क्यों धृष्टता से मन में सोचा कि 'मैं धन्य हूँ।' मोहन बाबू ऊपर चढ़ने लगे। मैं मनोरमा के पीछे-पीछे था। अपने पर भारी बोझ डालकर धीरे-धीरे सीढ़ियों पर चढ़ रहा था।

उसने धीरे से मुझसे कहा, 'रामनिहालजी, मेरी विपत्ति में आप सहायता न कीजियेगा!' मैं अवाक् था।'

श्यामा ने एक बार गहरी दृष्टि से रामनिहाल को देखा। वह चुप हो गया। श्यामा ने आज्ञा-भरे स्वर में कहा, 'आगे और भी कुछ है या बस?'

रामनिहाल ने सिर झुकाकर कहा, 'हाँ, और भी कुछ है।'

'वही कहो न!!'

'कहता हूँ। मुझे धीरे-धीरे मालूम हुआ कि ब्रजकिशोर बाबू यह चाहते हैं कि मोहनलाल अदालत से पागल मान लिये जायें और ब्रजकिशोर उनकी सम्पत्ति के प्रबन्धक बना दिये जायें, क्योंकि वे ही मोहनलाल के निकट सम्बन्धी थे। भगवान् जाने इसमें क्या रहस्य है, किन्तु संसार तो दूसरे को मूर्ख बनाने के व्यवसाय पर चल रहा है। मोहन अपने सन्देह के कारण पूरा पागल बन गया है। तुम जो यह चिट्ठियों का बण्डल देख रही हो, वह मनोरमा का है।'

रामनिहाल फिर रुक गया। श्यामा ने फिर तीखी दृष्टि से उसकी ओर देखा। रामनिहाल कहने लगा, 'तुमको भी सन्देह हो रहा है। सो ठीक ही है। मुझे भी कुछ संदेह हो रहा है, मनोरमा क्यों मुझे इस समय बुला रही है।'

अब श्यामा ने हँसकर कहा–'तो क्या तुम समझते हो कि मनोरमा तुमको प्यार करती है और वह दुश्चरित्रा है? छिः रामनिहाल, यह तुम क्यों सोच रहे हो? देखूँ तो, तुम्हारे हाथ में कौन-सा चित्र है, क्या मनोरमा का ही?' कहते-कहते श्यामा ने रामनिहाल के हाथ से चित्र ले लिया। उसने आश्चर्य-भरे स्वर में कहा, 'अरे यह तो मेरा ही है? तो क्या तुम मुझसे प्रेम करने का लड़कपन करते हो? यह अच्छी फाँसी लगी है तुमको। मनोरमा तुमको प्यार करती है और तुम मुझको। मन के विनोद के लिए तुमने अच्छा साधन जुटाया है। तभी कायरों की तरह यहाँ से बोरिया-बँधना लेकर भागने की तैयारी कर ली है!'

रामनिहाल हत्बुद्धि अपराधी-सा श्यामा को देखने लगा। जैसे उसे कहीं भागने की राह न हो। श्यामा दृढ़ स्वर में कहने लगी–

'निहाल बाबू! प्यार करना बड़ा कठिन है। तुम इस खेल को नहीं जानते। इसके चक्कर में पड़ना भी मत। एक दुखिया स्त्री तुमको अपनी सहायता के लिए बुला रही है। जाओ, उसकी सहायता करके लौट आओ। तुम्हारा सामान यहीं रहेगा। तुमको अभी यहीं रहना होगा। समझे। अभी तुमको मेरी संरक्षता की आवश्यकता है। उठो। नहा-धो लो। जो ट्रेन मिले, उससे पटना जाकर ब्रजकिशोर की चालाकियों से मनोरमा की रक्षा करो। और फिर मेरे यहाँ चले आना। यह सब तुम्हारा भ्रम था। सन्देह था।'

रामनिहाल धीरे से उठकर नहाने चला गया।

भीख में

खपरैल दालान में, कम्बल पर मिन्ना के साथ बैठा हुआ ब्रजराज मन लगाकर बातें कर रहा था। सामने ताल में कमल खिल रहे थे। उसी पर से भीनी-भीनी महक लिये हुए पवन धीरे-धीरे उस झोंपड़ी में आता और चला जाता था।

'माँ कहती थी...' मिन्ना ने कमल की केसरों को बिखराते हुए कहा।

'क्या कहती थी?'

'बाबूजी परदेश जायेंगे। तेरे लिए नेपाली टट्टू लायेंगे।'

'तू घोड़े पर चढ़ेगा कि टट्टू पर! पागल कहीं का!'

'नहीं, मैं टट्टू पर चढ़ूँगा। वह गिराता नहीं।'

'तो फिर मैं नहीं जाऊँगा।'

'क्यों नहीं जाओगे? ऊँ-ऊँ-ऊँ, मैं अब रोता हूँ।'

'अच्छा, पहले यह बताओ कि जब तुम कमाने लगोगे, तो हमारे लिए क्या लाओगे?'

'खूब ढेर-सा रुपया'–कहकर मिन्ना ने अपना छोटा-सा हाथ जितना ऊँचा हो सकता था, उठा लिया।

'सब रुपया मुझको ही दोगे न!'

'नहीं, माँ को भी दूँगा।'

'मुझको कितना दोगे?'

'थैली-भर!'

'और माँ को?'

'वही बड़ी काठवाली सन्दूक में जितना भरेगा।'

'तब फिर माँ से कहो; वही नेपाली टट्टू ला देगी।'

मिन्ना ने झुँझलाकर ब्रजराज को ही टट्टू बना लिया। उसी के कन्धों पर चढ़कर अपनी साध मिटाने लगा। भीतर दरवाजे में से इन्दो झाँककर पिता-पुत्र का विनोद देख रही थी। उसने कहा—'मिन्ना! यह टट्टू बड़ा अड़ियल है।'

ब्रजराज को यह विसंवादी स्वर की-सी हँसी खटकने लगी। आज ही सवेरे इन्दो से कड़ी फटकार सुनी थी। इन्दो अपने गृहिणी-पद की मर्यादा के अनुसार जब दो-चार खरी-खोटी सुना देती, तो उसका मन विरक्ति से भर जाता। मिन्ना के साथ खेलने में, झगड़ा करने में और सलाह करने में ही संसार की पूर्ण भावमयी उपस्थिति हो जाती। फिर कुछ और करने की आवश्यकता ही क्या है? यही बात उसकी समझ में नहीं आती। रोटी बिना भूखों मरने की सम्भावना न थी। किन्तु इन्दो को उतने ही से सन्तोष नहीं। इधर ब्रजराज को निठल्ले बैठे हुए मालो के साथ कभी-कभी चुहल करते देखकर तो वह और भी जल उठती। ब्रजराज यह सब समझता हुआ भी अनजान बन रहा था। उसे तो अपनी खपरैल में मिन्ना के साथ सन्तोष-ही-सन्तोष था; किन्तु आज वह न जाने क्यों भिन्ना उठा—

'मिन्ना! अड़ियल टट्टू भागते हैं, तो रुकते नहीं। और राह-कुराह भी नहीं देखते। तेरी माँ अपने भीगे चने पर रौब गाँठती है। कहीं इस टट्टू को हरी-हरी दूब की चाट लगी, तो...।'

'नहीं मिन्ना! रूखी-सूखी पर निभा लेनेवाले ऐसा नहीं कर सकते!'

'कर सकते हैं मिन्ना! कह दो, हाँ!'

मिन्ना घबरा उठा था। यह तो बातों का नया ढंग था। वह समझ न सका। उसने कह दिया—'हाँ, कर सकते हैं।'

'चल, देख लिया। ऐसे ही करनेवाले!'—कहकर जोर से किवाड़ बन्द करती हुई इन्दो चली गयी। ब्रजराज के हृदय में विरक्ति चमकी। बिजली की तरह कौंध उठी घृणा। उसे अपने अस्तित्व पर सन्देह हुआ। वह पुरुष है या नहीं? इतना कशाघात! इतना सन्देह और चतुर संचालन! उसका मन घर से विद्रोही हो रहा था। आज तक बड़ी सावधानी से कुशल महाजन की तरह वह अपना सूद बढ़ाता रहा। कभी स्नेह का प्रतिदान लेकर उसने इन्दो को हल्का नहीं होने दिया था। इसी घड़ी सूद-दर-सूद लेने के लिए उसने

अपनी विरक्ति की थैली का मुँह खोल दिया।

मिन्ना को एक बार गोद में चिपकाकर वह खड़ा हो गया। जब गाँव के लोग हलों को कन्धों पर लिये हुए लौट रहे थे, उसी समय ब्रजराज ने घर छोड़ने का निश्चय कर लिया।

जालन्धर से जो सड़क ज्वालामुखी को जाती है, उस पर इसी साल से एक सिख पेंशनर ने लारी चलाना आरम्भ किया। उसका ड्राइवर कलकत्ते से सीखा हुआ फुर्तीला आदमी है। सीधे-सादे देहाती उछल पड़े। जिनकी मनौती कई साल से रुकी थीं, बैल-गाड़ी की यात्रा के कारण जो अब तक टाल-मटोल करते थे, वे उत्साह से भरकर ज्वालामुखी के दर्शन के लिए प्रस्तुत होने लगे।

गोटेदार ओढ़नियों, अच्छी काट की शलवारों, किमख्वाब की झकाझक सदरियों की बहार, आये दिन उसकी लारी में दिखलाई पड़ती। किन्तु वह मशीन का प्रेमी ड्राइवर किसी ओर देखता नहीं। अपनी मोटर, उसका हार्न, ब्रेक और मडगार्ड पर उसका मन टिका रहता। चक्का हाथ में लिये हुए जब उस पहाड़ी प्रान्त में वह अपनी लारी चलाता, तो अपनी धुन में मस्त किसी की ओर देखने का विचार भी न कर पाता। उसके सामान में एक बड़ा-सा कोट, एक कम्बल और एक लोटा। हाँ, बैठने की जगह में जो छिपा हुआ बक्स था, उसी में कुल रुपये-पैसे बचाकर वह फेंकता जाता। किसी पहाड़ी पर ऊँचे वृक्षों से लिपटी हुई जंगली गुलाब की लता को वह देखना नहीं चाहता। उसकी कोसों तक फैलनेवाली सुगन्ध ब्रजराज के मन को मथ देती; परन्तु वह शीघ्र ही अपनी लारी में मन को उलझा देता और तब निर्विकार भाव से उस जनविरल प्रान्त में लारी की चाल तीव्र कर देता। इसी तरह कई बरस बीत गये।

बूढ़ा सिख उससे बहुत प्रसन्न रहता; क्योंकि ड्राइवर कभी बीड़ी-तमाखू नहीं पीता और किसी काम में व्यर्थ पैसा खर्च नहीं करता। उस दिन बादल उमड़ रहे थे। थोड़ी-थोड़ी झीसी पड़ रही थी। वह अपनी लारी दौड़ाये पहाड़ी प्रदेश के बीचोंबीच निर्जन सड़क पर चला जा रहा था, कहीं-कहीं दो-चार घरों के गाँव दिखाई पड़ते थे। आज उसकी लारी में भीड़ नहीं थी। सिख पेंशनर की जान-पहचान का एक परिवार उस दिन ज्वालामुखी का दर्शन

करने जा रहा था। उन लोगों ने पूरी लारी भाड़े पर कर ली थी, किन्तु अभी तक उसे यह जानने की आवश्यकता न हुई थी कि उसमें कितने आदमी थे। उसे इंजिन में पानी की कमी मालूम हुई कि लारी रोक दी गयी। ब्रजराज बाल्टी लेकर पानी लेने गया। उसे पानी लाते देखकर लारी के यात्रियों को भी प्यास लग गयी। सिख ने कहा–

'ब्रजराज! इन लोगों को भी थोड़ा पानी दे देना।'

जब बाल्टी लिये हुए वह यात्रियों की ओर गया, तो उसको भ्रम हुआ कि जो सुन्दरी स्त्री पानी के लिए लोटा बढ़ा रही है, वह कुछ पहचानी-सी है। उसने लोटे में पानी उँड़ेलते हुए अन्यमनस्क की तरह कुछ जल गिरा भी दिया, जिससे स्त्री की ओढ़नी का कुछ अंश भींग गया। यात्री ने झिड़ककर कहा–

'भाई, जरा देखकर।'

किन्तु वह स्त्री भी उसे कनखियों से देख रही थी। 'ब्रजराज!' शब्द उसके भी कानों में गूँज उठा था। ब्रजराज अपनी सीट पर जा बैठा।

बूढ़े सिख और यात्री दोनों को ही उसका यह व्यवहार अशिष्ट-सा मालूम हुआ; पर कोई कुछ बोला नहीं। लारी चलने लगी। काँगड़ा की तराई का यह पहाड़ी दृश्य, चित्रपटों की तरह क्षण-क्षण पर बदल रहा था। उधर ब्रजराज की आँखें कुछ दूसरे ही दृश्य देख रही थीं।

गाँव का वह ताल, जिसमें कमल खिल रहे थे, मिन्ना के निर्मल प्यार की तरह तरंगायित हो रहा था। और उस प्यार में विश्राम की लालसा, बीच-बीच में उसे देखते ही, मालती का पैर के अँगूठों के चाँदी के मोटे छल्लों को खटखटाना, सहसा उसकी स्त्री का सन्दिग्ध भाव से उसको बाहर भेजने की प्रेरणा, साधारण जीवन में बालक के प्यार से जो सुख और सन्तोष उसे मिल रहा था, वह भी छिन गया; क्यों सन्देह न हो! इन्दो को विश्वास हो चला था कि ब्रजराज मालो को प्यार करता है। और गाँव में एक ही सुन्दरी, चंचल, हँसमुख और मनचली भी थी, उसका ब्याह नहीं हुआ था। हाँ, वही तो मालो?–और यह ओढ़नीवाली! ऐं, पंजाबी में? असम्भव! नहीं तो–वही है–ठीक-ठीक वही है। वह चक्का पकड़े हुए पीछे घूमकर अपनी स्मृतिधारा पर विश्वास कर लेना चाहता था। ओह! कितनी भूली हुई बातें इस मुख ने

स्मरण दिला दीं। वह अपने को न रोक सका। पीछे घूम ही पड़ा और देखने लगा।

लारी टकरा गयी एक वृक्ष से। कुछ अधिक हानि न होने पर भी, किसी को कहीं चोट न लगने पर भी सिख झल्ला उठा। ब्रजराज भी फिर लारी पर न चढ़ा। किसी को किसी से सहानुभूति नहीं। तनिक-सी भूल भी कोई सह नहीं सकता, यही न! ब्रजराज ने सोचा कि मैं ही क्यों न रूठ जाऊँ? उसने नौकरी को नमस्कार किया।

❑

ब्रजराज को वैराग्य हो गया हो, सो तो बात नहीं। हाँ उसे गार्हस्थ्य-जीवन के सुख के आरंभ में ही ठोकर लगी। उसकी सीधी-सादी गृहस्थी में कोई विशेष आनन्द न था। केवल मिन्ना की अटपटी बातों से और राह चलते-चलते कभी-कभी मालती की चुहल से, हलके शरबत में, दो बूँद हरे नींबू के रस की-सी सुगन्ध तरावट में मिल जाती थी।

यह सब गया, इधर कलकत्ते के कोलाहल में रहकर उसने ड्राइवरी सीखी। पहाड़ियों की गोद में उसे एक प्रकार की शान्ति मिली। दो-चार घरों के छोटे-छोटे से गाँवों को देखकर मन में विरागपूर्ण दुलार होता था। यह अपनी लारी पर बैठा हुआ उपेक्षा से एक दृष्टि डालता हुआ निकल जाता। तब वह अपने गाँव पर मानो प्रत्यक्ष रूप से प्रतिशोध ले लेता; किन्तु नौकरी छोड़कर वह क्या जाने कैसा हो गया। ज्वालामुखी के समीप ही पण्डों की बस्ती में जाकर रहने लगा।

पास में कुछ रुपये बचे थे। उन्हें वह धीरे-धीरे खर्च करने लगा। उधर उसके मन का निश्चिन्त भाव और शरीर का बल धीरे-धीरे क्षीण होने लगा। कोई कहता, तो उसका काम कर देता; पर उसके बदले में पैसा न लेता। लोग कहते—बड़ा भलामानुस है। उससे बहुत-से लोगों की मित्रता हो गयी। उसका दिन ढलने लगा। वह घर की कभी चिन्ता न करता। हाँ, भूलने का प्रयत्न करता; किन्तु मिन्ना? फिर सोचता 'अब बड़ा हो गया होगा ही। जिसने मुझे काम करने के लिए परदेश भेज दिया, वह मिन्ना को ठीक कर लेगी। खेती-बारी से काम चल ही जायेगा। मैं ही गृहस्थी में अतिरिक्त व्यक्ति था और मालती! न, न! पहले उसके कारण संदिग्ध बनकर मुझे घर

छोड़ना पड़ा। उसी का फिर से स्मरण करते ही मैं नौकरी से छुड़ाया गया। कहाँ से उस दिन मुझे फिर उसका सन्देह हुआ। वह पंजाब में कहाँ आती! उसका नाम भी न लूँ!'

'इन्दो तो मुझे परदेश भेजकर सुख से नींद लेगी ही।'

पर यह नशा दो-ही-तीन बरसों में उखड़ गया। इस अर्थयुग में सब सम्बल जिसका है, वही उठ्ठी बोल गया। आज ब्रजराज अकिंचन कंगाल था। आज ही से उसे भीख माँगना चाहिए। नौकरी न करेगा, हाँ भीख माँग लेगा। किसी का काम कर देगा, तो यह देगा वह अपनी भीख। उसकी मानसिक धारा इसी तरह चल रही थी।

वह सवेरे ही आज मन्दिर के समीप ही जा बैठा। आज उसके हृदय में भी वैसी ही एक ज्वाला भक् से निकलकर बुझ जाती है। और कभी विलम्ब तक लपलपाती रहती है; किन्तु कभी उसकी ओर कोई नहीं देखता। और उधर तो यात्रियों के झुण्ड जा रहे थे।

चैत्र का महीना था। आज बहुत-से यात्री आये थे। उसने भी भीख के लिए हाथ फैलाया। एक सज्जन गोद में छोटा-सा बालक लिए आगे बढ़ गये, पीछे एक सुन्दरी अपनी ओढ़नी सम्हालती हुई क्षणभर के लिए रुक गयी थी। स्त्रियाँ स्वभाव की कोमल होती हैं। पहली ही बार पसारा हुआ हाथ खाली न रह जाय, इसी से ब्रजराज ने सुन्दरी से याचना की।

वह खड़ी हो गयी। उसने पूछा—'क्या तुम अब लारी नहीं चलाते?'

'अरे, वही वो, ठीक मालती का-सा स्वर!'

हाथ बटोरकर ब्रजराज ने कहा—'कौन, मालो?'

'तो यह तुम्हीं हो, ब्रजराज!'

'हाँ तो'—कहकर ब्रजराज ने एक लम्बी साँस ली।

मालती खड़ी रही। उसने कहा—'भीख माँगते हो?'

'हाँ, पहले मैं सुख का भिखारी था। थोड़ा-सा मिन्ना का स्नेह, इन्दो का प्रणय, दस-पाँच बीघों की कामचलाऊ उपज और कहे जानेवाले मित्रों की चिकनी-चुपड़ी बातों से सन्तोष की भीख माँगकर अपने चिथड़ों में बाँधकर मैं सुखी बन रहा था। कंगाल की तरह जन-कोलाहल से दूर एक कोने में उसे अपनी छाती से लगाये पड़ा था; किन्तु तुमने बीच में थोड़ा-सा

प्रसन्न-विनोद मेरे ऊपर ढाल दिया, वही तो मेरे लिए...'

'ओहो पागल इन्दो! मुझ पर सन्देह करने लगी। तुम्हारे चले आने पर मुझसे कई बार लड़ी भी। मैं तो अब यहाँ आ गयी हूँ।'–कहते-कहते वह भय से आगे चले जानेवाले सज्जन को देखने लगी।

'तो, यह तुम्हारा ही बच्चा है न! अच्छा-अच्छा!' 'हूँ' कहती हुई मालो ने कुछ निकाला उसे देने के लिए। ब्रजराज ने कहा–'मालो! तुम जाओ। देखो, वह तुम्हारे पति आ रहे हैं!' बच्चे को गोद में लिये हुए मालो के पंजाबी पति लौट आये। मालती उस समय अन्यमनस्क, क्षुब्ध और चंचल हो रही थी। उसके मुँह पर क्षोभ, भय और कुतूहल से मिली हुई करुणा थी। पति ने डाँटकर पूछा–'क्यों, यह भिखमंगा तंग कर रहा था?'

पण्डाजी की ओर घूमकर मालो के पति ने कहा–'ऐसे उचक्कों को आप लोग मन्दिर के पास बैठने देते हैं!'

धनी जजमान का अपमान भला वह पण्डा कैसे सहता! उसने ब्रजराज का हाथ पकड़कर घसीटते हुए कहा–

'उठ बे, यहाँ फिर दिखाई पड़ा, तो तेरी टाँग ही लँगड़ी कर दूँगा!'

बेचारा ब्रजराज यहाँ धक्के खाकर सोचने लगा–फिर मालती! क्या सचमुच मैंने कभी उससे कुछ...और मेरा दुर्भाग्य! यही तो आज तक अयाचित भाव से वह देती आयी है। आज उसने पहले दिन की भीख में भी वही दिया।

चित्रवाले पत्थर

मैं 'संगमहाल' का कर्मचारी था। उन दिनों मुझे विन्धय शैल-माला के एक उजाड़ स्थान में सरकारी काम से जाना पड़ा। भयानक वन-खण्ड के बीच पहाड़ी से हटकर एक छोटी-सी डाक बँगलिया थी। मैं उसी में ठहरा था। वहीं की एक पहाड़ी में एक प्रकार का रंगीन पत्थर निकला था। मैं उनकी जाँच करने और तब तक पत्थर की कटाई बन्द करने के लिए वहाँ गया था। उस झाड़-खण्ड में छोटी-सी सन्दूक की तरह मनुष्य-जीवन की रक्षा के लिए बनी हुई बँगलिया मुझे विलक्षण मालूम हुई; क्योंकि वहाँ पर प्रकृति की निर्जन शून्यता, पथरीली चट्टानों से टकराती हुई हवा के झोंके के दीर्घ निःश्वास, उस रात्रि में मुझे सोने न देते थे। मैं छोटी-सी खिड़की से सिर निकालकर जब कभी उस सृष्टि के खँडहर को देखने लगता, तो भय और उद्वेग मेरे मन पर इतना बोझ डालते कि मैं कहानियों में पढ़ी हुई अतिरंजित घटनाओं की सम्भावना से ठीक संकुचित होकर भीतर अपने तकिये पर पड़ा रहता था। अन्तरिक्ष के गह्वर में न जाने कितनी ही आश्चर्यजनक लीलाएँ करके मानवी आत्माओं ने अपना निवास बना लिया है। मैं कभी-कभी आवेश में सोचता कि भत्ते के लोभ से मैं ही क्यों यहाँ चला आया? क्या वैसी ही कोई अद्भुत घटना होनेवाली है? मैं फिर जब अपने साथी नौकर की ओर देखता, तो मुझे साहस हो जाता और क्षणभर के लिए स्वस्थ होकर नींद को बुलाने लगता; किन्तु कहाँ, वह तो सपना हो रही थी।

रात कट गयी। मुझे कुछ झपकी आने लगी। किसी ने बाहर से खटखटाया और मैं घबरा उठा। खिड़की खुली हुई थी। पूरब की पहाड़ी के ऊपर आकाश में लाली फैल रही थी। मैं निडर होकर बोला—'कौन है? इधर

खिड़की के पास आओ।'

जो व्यक्ति मेरे पास आया, उसे देखकर मैं तो दंग रह गया। वह सुन्दर रहा होगा; किन्तु आज तो उसके अंग-अंग से, मुँह की एक-एक रेखा से उदासीनता और कुरूपता टपक रही थी। आँखें गड्ढे में जलते हुए अंगारे की तरह धक्-धक् कर रही थीं। उसने कहा—'मुझे कुछ खिलाओ।'

मैंने मन-ही-मन सोचा कि यह आपत्ति कहाँ से आयी! वह भी रात बीत जाने पर! उसने कहा—'भले आदमी! तुमको इतने सवेरे भूख लग गयी?'

उसकी दाढ़ी और मूँछों के भीतर छिपी हुई दाँतों की पंक्ति रगड़ उठी। वह हँसी थी या थी किसी कोने की मर्मान्तक पीड़ा की अभिव्यक्ति, कह नहीं सकता। वह कहने लगा—'व्यवहारकुशल मनुष्य, संसार के भाग्य से उसकी रक्षा के लिए, बहुत थोड़े-से उत्पन्न होते हैं। वे भूखे पर सन्देह करते हैं। एक पैसा देने के साथ नौकर से कह देते हैं, देखो इसे चना दिला देना। वह समझते हैं, एक पैसे की मलाई से पेट न भरेगा। तुम ऐसे ही व्यवहार-कुशल मनुष्य हो। जानते हो कि भूखे को कब भूख लगनी चाहिए। जब तुम्हारी मनुष्यता स्वाँग बनाती है, तो अपने पशु पर देवता की खाल चढ़ा देती है, और स्वयं दूर खड़ी हो जाती है।' मैंने सोचा कि यह दार्शनिक भिखमंगा है। और कहा—'अच्छा, बाहर बैठो।'

बहुत शीघ्रता करने पर भी नौकर के उठने और उसके लिए भोजन बनाने में घण्टों लग गये। जब मैं नहा-धोकर पूजा-पाठ से निवृत्त होकर लौटा, तो वह मनुष्य एकान्त मन से अपने खाने पर जुटा हुआ था। अब मैं उसकी प्रतीक्षा करने लगा। वह भोजन समाप्त करके जब मेरे पास आया, तो मैंने पूछा—'तुम यहाँ क्या कर रहे थे?' उसने स्थिर दृष्टि से एक बार मेरी ओर देखकर कहा—'बस, इतना ही पूछियेगा या और कुछ भी?' मुझे हँसी आ गयी। मैंने कहा—'मुझे अभी दो घण्टे का अवसर है। तुम जो कुछ कहना चाहो, कहो।'

वह कहने लगा—

'मेरे जीवन में उस दिन अनुभूतिमयी सरसता का संचार हुआ, मेरी छाती में कुसुमाकर की वनस्थली अंकुरित, पल्लवित, कुसुमित होकर सौरभ

का प्रसार करने लगी। ब्याह के निमन्त्रण में मैंने देखा उसे, जिसे देखने के लिए ही मेरा जन्म हुआ था। वह थी मंगला की यौवनमयी उषा। सारा संसार उन कपोलों की अरुणिमा की गुलाबी छटा के नीचे मधुर विश्राम करने लगा। वह मादकता विलक्षण थी। मंगला के अंग-कुसुम से मकरन्द छलका पड़ता था। मेरी धवल आँखें उसे देखकर ही गुलाबी होने लगीं।

ब्याह की भीड़भाड़ में इस ओर ध्यान देने की किसको आवश्यकता थी, किन्तु हम दोनों को भी दूसरी ओर देखने का अवकाश नहीं था। सामना हुआ और एक घूँट। आँखें चढ़ जाती थीं। अधर मुसकराकर खिल जाते और हृदय-पिण्ड पारद के समान, वसन्त-कालीन चल-दल-किसलय की तरह काँप उठता।

देखते-ही-देखते उत्सव समाप्त हो गया। सब लोग अपने-अपने घर चलने की तैयारी करने लगे; परन्तु मेरा पैर तो उठता ही न था। मैं अपनी गठरी जितनी ही बाँधता, वह खुल जाती। मालूम होता था कि कुछ छूट गया है। मंगला ने कहा–'मुरली, तुम भी जाते हो?'

'जाऊँगा ही–तो भी तुम जैसा कहो।'

'अच्छा, तो फिर कितने दिनों में आओगे?'

'यह तो भाग्य जाने!'

'अच्छी बात है'–वह जाड़े की रात के समान ठण्डे स्वर में बोली। मेरे मन को ठेस लगी। मैंने भी सोचा कि फिर यहाँ क्यों ठहरूँ? चल देने का निश्चय किया। फिर भी रात तो बितानी ही पड़ी। जाते हुए अतिथि को थोड़ा और ठहरने के लिए कहने से कोई भी चतुर गृहस्थ नहीं चूकता। मंगला की माँ ने कहा और मैं रातभर ठहर गया; पर जागकर रात बीती। मंगला ने चलने के समय कहा–'अच्छा तो–' इसके बाद नमस्कार के लिए दोनों सुन्दर हाथ जुड़ गये। चिढ़कर मन-ही-मन मैंने कहा–यही अच्छा है, तो बुरा ही क्या है? मैं चल पड़ा। कहाँ–घर नहीं! कहीं और! –मेरी कोई खोज लेनेवाला न था।

मैं चला जा रहा था। कहाँ जाने के लिए, यह न बताऊँगा। वहाँ पहुँचने पर सन्ध्या हो गयी। चारों ओर वनस्थली साँय-साँय क़रने लगी। थका भी था, रात को पाला पड़ने की सम्भावना थी। किस छाया में बैठता?

सोच-विचारकर मैं सूखी झलासियों से झोंपड़ी बनाने लगा। लतरों को काटकर उस पर छाजन हुई। रात का बहुत-सा अंश बीत चुका था। परिश्रम की तुलना में विश्राम कहाँ मिला! प्रभात होने पर आगे बढ़ने की इच्छा न हुई। झोंपड़ी की अधूरी रचना ने मुझे रोक लिया। जंगल तो था ही। लकड़ियों की कमी न थी। पास ही नाले की मिट्टी भी चिकनी थी। आगे बढ़कर नदी-तट से मुझे नाला ही अच्छा लगा। दूसरे दिन से झोंपड़ी उजाड़कर अच्छी-सी कोठरी बनाने की धुन लगी। अहेर से पेट भरता और घर बनाता। कुछ ही दिनों में वह बन गया। जब घर बन चुका, तो मेरा मन उचटने लगा। घर की ममता और उसके प्रति छिपा हुआ अविश्वास दोनों का युद्ध मन में हुआ। मैं जाने की बात सोचता, फिर ममता कहती कि विश्राम करो। अपना परिश्रम था, छोड़ न सका। इसका और भी कारण था। समीप ही सफेद चट्टानों पर जलधारा के लहरीले प्रवाह में कितना संगीत था! चाँदनी में वह कितना सुन्दर हो जाता है। जैसे इस पृथ्वी का छाया-पथ। मेरी उस झोंपड़ी से उसका सब रूप दिखाई पड़ता था न! मैं उसे देखकर सन्तोष का जीवन बिताने लगा। वह मेरे जीवन के सब रहस्यों की प्रतिमा थी। कभी उसे मैं आँसू की धारा समझता, जिसे निराश प्रेमी अपने आराध्य की कठोर छाती पर व्यर्थ ढुलकाता हो। कभी उसे अपने जीवन की तरह निर्मम संसार की कठोरता पर छटपटाते हुए देखता। दूसरे का दुःख देखकर मनुष्य को सन्तोष होता ही है। मैं भी वहीं पड़ा जीवन बिताने लगा।

कभी सोचता कि मैं क्यों पागल हो गया! उस स्त्री के सौन्दर्य ने क्यों अपना प्रभाव मेरे हृदय पर जमा लिया? विधवा मंगला, वह गरल है या अमृत? अमृत है, तो उसमें इतनी ज्वाला क्यों है, ज्वाला है तो मैं जल क्यों नहीं गया? यौवन का विनोद! सौन्दर्य की भ्रान्ति! वह क्या है? मेरा यही स्वाध्याय हो गया।

शरद पूर्णिमा में बहुत-से लोग उस सुन्दर दृश्य को देखने के लिए दूर-दूर से आते। युवती और युवकों के रहस्यालाप करते हुए जोड़े, मित्रों की मण्डलियाँ, परिवारों का दल, उनके आनन्द-कोलाहल को मैं उदास होकर देखता। डाह होती, जलन होती। तृष्णा जग जाती। मैं उस रमणीय दृश्य का उपभोग न करके पलकों को दबा लेता। कानों को बन्द कर लेता; क्यों?

मंगला नहीं। और क्या एक दिन के लिए, एक क्षण के लिए मैं उस सुख का अधिकारी नहीं! विधाता का अभिशाप! मैं सोचता—अच्छा, दूसरों के ही साथ कभी वह शरद-पूर्णिमा के दृश्य को देखने के लिए क्यों नहीं आयी? क्या वह जानती है कि मैं यहीं हूँ? मैंने भी पूर्णिमा के दिन वहाँ जाना छोड़ दिया। और लोग जब वहाँ जाते, मैं न जाता। मैं रूठता था। यह मूर्खता थी मेरी! वहाँ किससे मान करता था मैं? उस दिन मैं नदी की ओर न जाने क्यों आकृष्ट हुआ।

मेरी नींद खुल गयी थी। चाँदनी रात का सबेरा था। अभी चन्द्रमा में फीका प्रकाश था। मैं वनस्थली की रहस्यमयी छाया को देखता हुआ नाले के किनारे-किनारे चलने लगा। नदी के संगम पर पहुँचकर सहसा एक जगह रुक गया। देखा कि वहाँ पर एक स्त्री और पुरुष शिला पर सो रहे हैं। वहाँ तक तो घूमनेवाले आते नहीं। मुझे कुतूहल हुआ। मैं वहीं स्नान करने के बहाने रुक गया। आलोक की किरणों से आँखें खुल गयीं। स्त्री ने गर्दन घुमाकर धारा की ओर देखा। मैं सन्न रह गया। उसकी धोती साधारण और मैली थी। सिरहाने एक छोटी-सी पोटली थी। पुरुष अभी सो रहा था। मेरी-उसकी आँखें मिल गयीं। मैंने तो पहचान लिया कि वह मंगला थी। उसने—नहीं, उसे भ्रान्ति बनी रही। वह सिमटकर बैठ गयी। और मैं उसे जानकर भी अनजान बनते हुए देखकर मन-ही-मन कुढ़ गया। मैं धीरे-धीरे ऊपर चढ़ने लगा।

'सुनिये तो!' मैंने घूमकर देखा कि मंगला पुकार रही है। वह पुरुष भी उठ बैठा है। मैं वहीं खड़ा रह गया। कुछ न बोलने पर भी मैं प्रश्न की प्रतीक्षा में यथास्थिति रह गया। मंगला ने कहा—'महाशय, कहीं रहने की जगह मिलेगी?'

'महाशय!' ऐं! तो सचमुच मंगला ने मुझे नहीं पहचाना क्या? चलो अच्छा हुआ, मेरा चित्र भी बदल गया था। एकान्तवास करते हुए और कठोर जीवन बिताते हुए जो रेखाएँ बन गयी थीं, वह मेरे मनोनुकूल ही हुई। मन में क्रोध उमड़ रहा था, गला भर्राने लगा था। मैंने कहा—'जंगलों में क्या आप कोई धर्मशाला खोज रही हैं?' वह कठोर व्यंग था। मंगला ने घायल होकर कहा—'नहीं, कोई गुफा—कोई झोंपड़ी महाशय, धर्मशाला खोजने के

लिए जंगल में क्यों आती?'

पुरुष कुछ कठोरता से सजग हो रहा था; किन्तु मैंने उसकी ओर न देखते हुए कहा—'झोंपड़ी तो मेरी है। यदि विश्राम करना हो तो वहीं थोड़ी देर के लिए जगह मिल जायेगी।'

'थोड़ी देर के लिए सही। मंगला, उठो! क्या सोच रही हो? देखो, रातभर यहाँ पड़े-पड़े सब नसें अकड़ गयी हैं।' पुरुष ने कहा। मैंने देखा कि वह कोई सुखी परिवार के प्यार में पला युवक है; परन्तु उसका रंग-रूप नष्ट हो गया है। कष्टों के कारण उसमें एक कटुता आ गयी है। मैंने कहा—'तो फिर चलो, भाई!'

दोनों मेरे पीछे-पीछे चलकर झोंपड़ी में पहुँचे।

मंगला मुझे पहचान सकी कि नहीं, कह नहीं सकता। कितने बरस बीत गये। चार-पाँच दिनों की देखा-देखी। सम्भवतः मेरा चित्र उसकी आँखों में उतरते-उतरते किसी और छवि ने अपना आसन जमा लिया हो; किन्तु मैं कैसे भूल सकता था! घर पर कोई था ही नहीं। जीवन जब किसी स्नेह छाया की खोज में आगे बढ़ा, तो मंगला का हरा-भरा यौवन और सौन्दर्य दिखाई पड़ा। वहीं रम गया। मैं भावना के अतिवाद में पड़कर निराश व्यक्ति-सा विरागी बन गया था, उसी के लिए। यह मेरी भूल हो; पर मैं तो उसे स्वीकार कर चुका था।

हाँ, तो वह बाल-विधवा मंगला ही थी। और पुरुष! वह कौन है? यही मैं सोचता हुआ झोंपड़ी के बाहर साखू की छाया में बैठा हुआ था। झोंपड़ी में दोनों विश्राम कर रहे थे। उन लोगों ने नहा-धोकर कुछ जल पीकर सोना आरम्भ किया। सोने की होड़ लग रही थी। वे इतने थके थे कि दिनभर उठने का नाम नहीं लिया। मैं दूसरे दिन का धरा हुआ नमक लगा माँस का टुकड़ा निकालकर आग में सेंकने की तैयारी में लगा क्योंकि अब दिन ढल रहा था। मैं अपने तीर से आज पक्षी मार सका था। सोचा कि ये लोग भी कुछ माँग बैठें तब क्या दूँगा? मन में तो रोष की मात्रा कुछ न थी, फिर भी वह मंगला थी न!

कभी जो भूले-भटके पथिक उधर से आ निकलते, उनसे नमक और आटा मिल जाता था। मेरी झोंपड़ी में रात बिताने का किराया देकर लोग

जाते। मुझे भी लालच लगा था! अच्छा, जाने दीजिये। वहाँ उस दिन जो कुछ बचा था, वह सब लेकर बैठा मैं भोजन बनाने।

मैं अपने पर झुँझलाता भी था और उन लोगों के लिए भोजन भी बनाता जाता था। विरोध के सहस्र फणों की छाया में न जाने दुलार कब से सो रहा था! वह जाग पड़ा।

जब सूर्य उन धवल शिलाओं पर बहती हुई जल-धारा को लाल बनाने लगा था, तब उन लोगों की आँखें खुलीं। मंगला ने मेरी सुलगायी हुई आग की शिखा को देखकर कहा–'आप क्या बना रहे हैं, भोजन! तो क्या यहाँ पास में कुछ मिल सकेगा?' मैंने सिर हिलाकर 'नहीं' कहा। न जाने क्यों! पुरुष अभी अँगड़ाई ले रहा था। उसने कहा–'तब क्या होगा, मंगला?' मंगला हताश होकर बोली–'क्या करूँ?' मैंने कहा–'इसी में जो कुछ अँटे-बँटे, वह खा-पीकर आप लोग विश्राम कीजिये न!'

पुरुष निकल आया। उसने सिकी हुई बाटियाँ और माँस के टुकड़ों को देखकर कहा–'तब और चाहिए क्या? मैं तो आपको धन्यवाद ही दूँगा।' मंगला जैसे व्यथित होकर अपने साथी को देखने लगी; उसकी यह बात उसे अच्छी न लगी; किन्तु अब वह द्विविधा में पड़ गयी। वह चुपचाप खड़ी रही। पुरुष ने झिड़ककर कहा–'तो आओ मंगला! मेरा अंग टूट रहा है। देखो तो बोतली में आज भर के लिए तो बची है?'

जलती हुई आग के धुँधले प्रकाश में वन-भोज का प्रसंग छिड़ा। सभी बातों पर मुझसे पूछा गया; पर शराब के लिए नहीं। मंगला को भी थोड़ी-सी मिली। मैं आश्चर्य से देख रहा था...मंगला का वह प्रगल्भ आचरण और पुरुष का निश्चिन्त शासन। दासी की तरह वह प्रत्येक बात मान लेने के लिए प्रस्तुत थी! और मैं तो जैसे अद्भुत स्थिति में अपनेपन को भूल चुका था। क्रोध, क्षोभ, और डाह सब जैसै मित्र बनने लगे थे। मन में एक विनीत प्यार–नहीं; आज्ञाकारिता-सी जाग गयी थी।

पुरुष ने डटकर भोजन किया। तब एक बार मेरी ओर देखकर डकार ली। वही मानो मेरे लिए धन्यवाद था। मैं कुढ़ता हुआ वहीं साखू के नीचे आसन लगाने की बात सोचने लगा और पुरुष के साथ मंगला गहरी अँधियारी होने के पहले ही झोंपड़ी में चली गयी। मैं बुझती हुई आग को

सुलगाने लगा। मन-ही-मन सोच रहा था, 'कल ही इन लोगों को यहाँ से चले जाना चाहिए। नहीं तो–' फिर नींद आ चली। रजनी की निस्तब्धता, टकराती हुई लहरों का कलनाद, विस्मृति में गीत की तरह कानों में गूँजने लगा।

दूसरे दिन मुझमें कोई कटुता का नाम नहीं–झिड़कने का साहस नहीं। आज्ञाकारी दास के समान मैं सविनय उनके सामने खड़ा हुआ।

'महाशय! कई मील तो जाना पड़ेगा, परन्तु थोड़ा-सा कष्ट कीजिये न। कुछ सामान खरीद लाइये आज–' मंगला को अधिक कहने का अवसर न देकर मैं उनके हाथ से रुपया लेकर चल पड़ा। मुझे नौकर बनने में सुख प्रतीत हुआ और लीजिये, मैं उसी दिन से उनके आज्ञाकारी भृत्य की तरह अहेर कर लाता। मछली मारता रहता। एक नाव पर जाकर दूर बाजार से आवश्यक सामग्री खरीद लाता। हाँ, उस पुरुष को मदिरा नित्य चाहिए। मैं उसका भी प्रबन्ध करता और यह सब प्रसन्नता के साथ। मनुष्य को जीवन में कुछ-न-कुछ काम करना चाहिए। वह मुझे मिल गया था। मैंने देखते-देखते एक छोटा-सा छप्पर अलग डाल दिया। प्याज-मेवा, जंगली शहद और फल-फूल सब जुटाता रहता। यह मेरा परिवर्तन निर्लिप्त भाव से मेरी आत्मा ने ग्रहण कर लिया। मंगला की उपासना थी।

कई महीने बीत गये; किन्तु छविनाथ–यही उस पुरुष का नाम था–को भोजन करके, मदिरा पिये पड़े रहने के अतिरिक्त कोई काम नहीं। मंगला की गाँठ खाली हो चली। जो दस-बीस रुपये थे वह सब खर्च हो गये, परन्तु छविनाथ की आनन्द-निद्रा टूटी नहीं। वह निरंकुश, स्वच्छ पान-भोजन में सन्तुष्ट व्यक्ति था। मंगला इधर कई दिनों से घबरायी हुई दीखती थी; परन्तु मैं चुपचाप अपनी उपासना में निरत था। एक सुन्दर चाँदनी रात थी। सरदी पड़ने लगी थी। वनस्थली सन्न-सन्न कर रही थी। मैं अपने छप्पर के नीचे दूर से आनेवाली नदी का कलनाद सुन रहा था। मंगला सामने आकर खड़ी हो गयी। मैं चौंक उठा। उसने कहा–'मुरली!' मैं चुप रहा।

'बोलते क्यों नहीं?'

मैं फिर भी चुप रहा।

'ओह! तुम समझते हो कि मैं तुम्हें नहीं पहचानती। यह तुम्हारे बायें

गाल पर जो दाढ़ी के पास चोट है, वह तुमको पहचानने से मुझे वंचित कर ले, ऐसा नहीं हो सकता। तुम मुरली हो! हो न! बोलो!'

'हाँ।' मुझसे कहते ही बना।

'अच्छा तो सुनो, मैं इस पशु से ऊब गयी हूँ। और अब मेरे पास कुछ नहीं बचा। जो कुछ लेकर मैं घर से चली थी, वह सब खर्च हो गया।'

'तब?'—मैंने विरक्त होकर कहा।

'यही कि मुझे यहाँ से ले चलो। वह जितनी शराब थी, सब पीकर आज बेसुध-सा पड़ा है। मैं तुमको इतने दिनों तक पहचानकर क्यों नहीं बोली, जानते हो?'

'नहीं।'

'तुम्हारी परीक्षा ले रही थी। मुझे विश्वास हो गया कि तुम ही मेरे सच्चे चाहनेवाले हो।'

'इसकी भी परीक्षा कर ली थी तुमने?' मैंने व्यंग से कहा।

'उसे भूल जाओ। वह बड़ी दुःखद कथा है। मैं किस तरह घरवालों की सहायता से इसके साथ भागने के लिए बाध्य हुई, उसे सुनकर क्या करोगे? चलो, मैं अभी चलना चाहती हूँ। स्त्री-जीवन की भूख कब जग जाती है, इसको कोई नहीं जानता; जान लेने पर तो उसको बहाली देना असम्भव है। उसी क्षण को पकड़ना पुरुषार्थ है।'

भयानक स्त्री? मेरा सिर चकराने लगा। मैंने कहा—'आज तो मेरे पैरों में पीड़ा है। मैं उठ नहीं सकता।' उसने मेरा पैर पकड़कर कहा—'कहाँ दुखता है, लाओ मैं दबा दूँ।' मेरे शरीर में बिजली-सी दौड़ गयी। पैर खींचकर कहा—'नहीं-नहीं, तुम जाओ; सो रहो, कल देखा जायेगा।'

'तुम डरते हो न?'—यह कहकर उसने कमरे में से छुरा निकाल लिया। मैंने कहा—'यह क्या?'

'अभी झगड़ा छुड़ाये देती हूँ।' यह कहकर झोंपड़ी की ओर चली। मैंने लपककर उसका हाथ पकड़ लिया और कहा—'आज ठहरो, मुझे सोच लेने दो।'

'सोच लो' कहकर छुरा कमर में रख, वह झोंपड़ी में चली गयी। मैं हवाई हिंडोले पर चक्कर खाने लगा। स्त्री! यह स्त्री है। यह मंगला है, मेरे

प्यार की अमूल्य निधि! मैं कैसा मूर्ख था! मेरी आँखों में नींद नहीं है। सबेरा होने के पहले ही जब दोनों सो रहे थे, मैं अपने पथ पर दूर भागा जा रहा था।

कई बरस बाद, जब मेरा मन उस भावना को भुला चुका था, तो धुली हुई शिला के समान स्वच्छ हो गया। मैं उसी पथ से लौटा। नाले के पास नदी की धारा के समीप खड़ा होकर देखने लगा। वह अभी उसी तरह शिला-शय्या पर छटपटा रही थी। हाँ, कुछ व्याकुलता बढ़-सी गयी थी। वहाँ बहुत-से पत्थर के छोटे-छोटे टुकड़े लुढ़कते हुए दिखाई पड़े, जो घिसकर अनेक आकृति धारण कर चुके थे। स्रोत से कुछ ऐसा परिवर्तन हुआ होगा। उनमें रंगीन चित्रों की छाया दिखाई पड़ी। मैंने कुछ बटोरकर उनकी विचित्रता देखी, कुछ पास भी रख लिए। फिर ऊपर चला। अकस्मात् वहीं पर जा पहुँचा, जहाँ पर मेरी झोंपड़ी थी। उसकी सब कड़ियाँ बिखर गयी थीं। एक लकड़ी के टुकड़े पर लोहे की नोक से लिखा था–

'देवता छाया बना देते हैं। मनुष्य उसमें रहता है। और मुझ-सी राक्षसी उसमें आश्रय पाकर भी उसे उजाड़कर ही फेंकती है।'

क्या यह मंगला का लिखा हुआ है? क्षणभर के लिए सब बातें स्मरण हो आयीं। मैं नाले में उतरने लगा। वहीं पर यह पत्थर मिला।

'देखते हैं न बाबूजी!'–इतना कहकर मुरली ने एक बड़ा-सा और कुछ छोटे-छोटे पत्थर सामने रख दिये। वह फिर कहने लगा–'इसे घिसकर और भी साफ किये जाने पर वही चित्र दिखाई दे रहा है। एक स्त्री की धुँधली आकृति–राक्षसी-सी! यह देखिये, छुरा है न हाथ में, और वह साखू का पेड़ है, और यह हूँ मैं। थोड़ा-सा ही मेरे शरीर का भाग इसमें आ सका है। यह मेरी जीवनी का आंशिक चित्र है। मनुष्य का हृदय जाने किस सामग्री से बना है! वह जन्मजन्मान्तर की बात स्मरण कर सकता है, और एक क्षण में सब भूल जाता है, किन्तु जड़ पत्थर–उस पर तो जो रेखा बन गयी, सो बन गयी। वह कोई क्षण होता होगा, जिसमें अन्तरिक्ष-निवासी कोई नक्षत्र अपनी अन्तर्भेदिनी दृष्टि से देखता होगा और अपने अदृश्य करों से शून्य में से रंग का आहरण करके वह चित्र बना देता है। इसे जितना घिसिये, रेखाएँ साफ होकर निकलेंगी। मैं भूल गया था। इसने मुझे स्मरण

करा दिया। अब मैं इसे आपको देकर यह बात एक बार ही भूल जाना चाहता हूँ। छोटे पत्थरों से तो आप बटन इत्यादि बनाइये; पर यह बड़ा पत्थर आपकी चाँदी की पानवाली डिबिया पर ठीक बैठ जायेगा। यह मेरी भेंट है। इसे आप लेकर मेरे मन का बोझ हल्का कर दीजिये।'

मैं कहानी सुनने में तल्लीन हो रहा था और वह—मुरली—धीरे से मेरी आँखों के सामने से खिसक गया। मेरे सामने उसके दिये हुए चित्रवाले पत्थर बिखरे पड़े रह गये।

उस दिन जितने लोग आये, मैंने उन पत्थरों को दिखलाया और पूछा कि यह कहाँ मिलते हैं? किसी ने कुछ ठीक-ठीक नहीं बतलाया। मैं कुछ काम न कर सका। मन उचट गया। तीसरे पहर कुछ दूर घूमकर जब घर लौट आया, तो देखा कि एक स्त्री मेरी बँगलिया के पास खड़ी है। उसका अस्त-व्यस्त भाव, उन्मत्त-सी तीव्र आँखें देखकर मुझे डर लगा। मैंने कहा—'क्या है?' उसने कुछ माँगने के लिए हाथ फैला दिया। मैंने कहा—'भूखी हो क्या? भीतर आओ।' वह भयाकुल और सशंक दृष्टि से मुझे देखती लौट पड़ी। मैंने कहा—'लेती जाओ।' किन्तु वह कब सुननेवाली थी!

चित्रवाला बड़ा पत्थर सामने दिखाई पड़ा। मुझे तुरन्त ही स्त्री की आकृति का ध्यान हुआ; किन्तु जब तक उसे खोजने के लिए नौकर जाये, वह पहाड़ियों की सन्ध्या की उदास छाया में छिप गयी थी।

चित्र-मन्दिर

प्रकृति तब भी अपने निर्माण और विनाश में हँसती और रोती थी। पृथ्वी का पुरातन पर्वत विन्ध्य उसकी सृष्टि के विकास में सहायक था। प्राणियों का संचार उसकी गम्भीर हरियाली में बहुत धीरे-धीरे हो रहा था। मनुष्यों ने अपने हाथों को पृथ्वी से उठाकर अपने पैरों पर खड़े होने की सूचना दे दी थी। जीवन-देवता की आशीर्वाद-रश्मि उन्हें आलोक में आने के लिए आमन्त्रित कर चुकी थी।

यौवन-जल से भरी हुई कादम्बिनी-सी युवती नारी रीछ की खाल लपेटे हुए वृक्ष की छाया में बैठी थी। उसके पास चकमक और सूखी लकड़ियों का ढेर था। छोटे-छोटे हिरनों का झुण्ड उसी स्रोत के पास जल पीने के लिए आता। उन्हें पकड़ने की ताक में युवती बड़ी देर से बैठी थी; क्योंकि उस काल में भी शस्त्रों से आखेट नर ही करते थे और उनकी नारियाँ कभी-कभी छोटे-छोटे जन्तुओं को पकड़ लेने में अभ्यस्त हो रही थीं।

स्रोत में जल कम था। वन्य कुसुम धीरे-धीरे बहते हुए एक के बाद एक आकर माला की लड़ी बना रहे थे। युवती ने उनकी विलक्षण पंखुड़ियों को आश्चर्य से देखा। वे सुन्दर थे, किन्तु उसने इन्हें अपनी दो आवश्यकताओं—काम और भूख—से बाहर की वस्तु समझा। वह फिर हिरनों की प्रतीक्षा करने लगी। उनका झुण्ड आ रहा था। युवती की आँखें प्रलोभन की रंगभूमि बन रही थीं। उसने अपनी ही भुजाओं से छाती दबाकर आनन्द और उल्लास का प्रदर्शन किया।

दूर से एक कूक सुनाई पड़ी और एक भद्दे फलवाला भाला लक्ष्य से चूककर उसके पास के वृक्ष के तने में धँसकर रह गया। हाँ, भाले के धँसने

पर वह जैसे न जाने क्या सोचकर पुलकित हो उठी। हिरन उसके समीप आ रहे थे; परन्तु उसकी भूख पर दूसरी प्रबल इच्छा विजयिनी हुई। पहाड़ी से उतरते हुए नर को वह सतृष्ण देखने लगी। नर अपने भाले के पीछे आ रहा था। नारी के अंग में कम्प, पुलक और स्वेद का उद्गम हुआ।

हाँ, वही तो है, जिसने उस दिन भयानक रीछ को अपने प्रचण्ड बल से परास्त किया था। और, उसी की खाल युवती आज लपेटे थी। कितनी ही बार तब से युवक और युवती की भेंट निर्जन कन्दराओं और लताओं के झुरमुट में हो चुकी थी। नारी के आकर्षण से खिंचा हुआ वह युवा दूसरी शैलमाला से प्रायः इधर आया करता और तब उस जंगली जीवन में दोनों का सहयोग हुआ करता। आज नर ने देखा कि युवती की अन्यमनस्कता से उसका लक्ष्य पशु निकल गया। विहार के प्राथमिक उपचार की सम्भावना न रही; उसे इस सन्ध्या में बिना आहार के ही लौटना पड़ेगा। 'तो क्या जान-बूझकर उसने अहेर को बहका दिया, और केवल अपनी इच्छा की पूर्ति का अनुरोध लेकर चली आ रही है। लो, उसकी बाँहें व्याकुलता से आलिंगन के लिए बुला रही हैं। नहीं, उसे इस समय अपना आहार चाहिए।' उसके बाहुपाश से युवक निकल गया। नर के लिए दोनों ही अहेर थे, नारी हो या पशु। इस समय नर को नारी की आवश्यकता न थी। उसकी गुफा में माँस का अभाव था।

सन्ध्या आ गयी। नक्षत्र ऊँचे आकाश-गिरि पर चढ़ने लगे। आलिंगन के लिए उठी हुई बाँहें गिर गयीं। इस दृश्य जगत् के उस पार से, विश्व के गम्भीर अन्तस्थल से एक अरुण और मधुर अन्तर्नाद गूँज उठा। नारी के हृदय में प्रत्याख्यान की पहली ठेस लगी थी। वह उस काल के साधारण जीवन से एक विलक्षण अनुभूति थी। वनपथ में हिंस्र पशुओं का संचार बढ़ने लगा; परन्तु युवती उस नदी-तट से न उठी। नदी की धारा में फूलों की श्रेणी बिगड़ चुकी थी और नारी की आकांक्षा की गति भी विच्छिन्न हो रही थी। आज उसके हृदय में एक अपूर्व परिचित भाव जग पड़ा, जिसे वह समझ नहीं पाती थी। अपने दलों के दूर गये हुए लोगों को बुलाने की पुकार वायुमण्डल में गूँज रही थी; किन्तु नारी ने अपनी बुलाहट को पहचानने का प्रयत्न न किया। वह कभी नक्षत्र से चित्रित उस स्रोत के जल को देखती

और कभी अपने समीप की उस तिकोनी और छोटी-सी गुफा को; जिसे वह अपना अधिवास समझ लेने के लिए बाध्य हो रही थी।

❑

रजनी का अन्धकार क्रमशः सघन हो रहा था। नारी बारम्बार अँगड़ाई लेती हुई सो गयी। तब भी आलिंगन के लिए उसके हाथ नींद में उठते और गिरते थे।

जब नक्षत्रों की रश्मियाँ उज्ज्वल होने लगीं, और वे पुष्ट होकर पृथ्वी पर परस्पर चुम्बन करने लगीं, तब जैसे अन्तरिक्ष में बैठकर किसी ने अपने हाथों से उनकी डोरियाँ बट दीं और उस पर झूलती हुई दो देवकुमारियाँ उतरीं।

एक ने कहा–'सखि विधाता, तुम बड़ी निष्ठुर हो। मैं जिन प्राणियों की सृष्टि करती हूँ, तुम उनके लिए अलग-अलग विधान बनाकर उसी के अनुसार कुछ दिनों तक जीने, अपने संकेत पर चलने और फिर मर जाने के लिए विवश कर देती हो।'

दूसरी ने कहा–'धाता, तुम भी बड़ी पगली हो। यदि समस्त प्राणियों की व्यवस्था एक-सी ही की जाती, तो तुम्हारी सृष्टि कैसी नीरस होती और फिर यह तुम्हारी क्रीड़ा कैसे चलती? देखो न, आज की ही रात है। गन्ध-मादन में देवबालाओं का नृत्य और असुरों के देश में राज्य-विप्लव हो रहा है। अतलान्त समुद्र सूख रहा है। महामरुस्थल में जल की धाराएँ बहने लगी हैं, और आर्यावर्त के दक्षिण विन्ध्य के अंचल में एक हिरन न पाने पर एक युवा नर अपनी प्रेयसी नारी को छोड़कर चला जाता है। उसे है भूख, केवल भूख।'

धाता ने कहा–'हाँ बहन, इन्हें उत्पन्न हुए बहुत दिन हो चुके; पर ये अभी तक अपने सहचारी पशुओं की तरह रहते हैं।'

विधाता ने कहा–'नहीं जी, आज ही मैंने इस वर्ग के एक प्राणी के मन में ललित कोमल आन्दोलन का आरम्भ किया है। इनके हृदय में अब भावलोक की सृष्टि होगी।'

धाता ने प्रसन्न होकर पूछा–'तो अब इनकी जड़ता छूटेगी न?'

विधाता ने कहा–'हाँ, बहुत धीरे-धीरे। मनोभावों को अभिव्यक्त

करने के लिए अभी इनके पास साधनों का अभाव है।'

धाता कुछ रूठ-सी गयी। उसने कहा–'चलो बहन, देवनृत्य देखें। मुझे तुम्हारी कठोरता के कारण अपनी ही सृष्टि अच्छी नहीं लगती। कभी-कभी तो ऊब जाती हूँ।'

विधाता ने कहा—-'तो चुपचाप बैठ जाओ, अपना काम बन्द कर दो, मेरी भी जलन छूटे।'

धाता ने खिन्न होकर कहा–'अभ्यास क्या एक दिन में छूट जायेगा, बहन?'

'तब क्या तुम्हारी सृष्टि एक दिन में स्वर्ग बन जायेगी? चलो, सुरबालाओं का सोमपान हो रहा है। एक-एक चषक हम लोग भी लें।'–कहकर विधाता ने किरनों की रस्सी पकड़ ली और धाता ने भी! दोनों पेंग बढ़ाने लगीं। ऊँचे जाते-जाते अन्तरिक्ष में वे छिप गयीं।

नारी जैसे सपना देखकर उठ बैठी। प्रभात हो रहा था। उसकी आँखों में मधुर स्वप्न की मस्ती भरी थी। नदी का जल धीरे-धीरे बह रहा था। पूर्व में लाली छिटक रही थी। मलयवात से बिखरे हुए केशपाश को युवती ने पीछे हटाया। हिरनों का झुण्ड फिर दिखाई पड़ा। उसका हृदय संवेदनशील हो रहा था। उस दृश्य को निःस्पृह देखने लगी।

उषा के मधुर प्रकाश में हिरनों का दल छलाँग भरता हुआ स्रोत लाँघ गया; किन्तु एक शावक चकित-सा वहीं खड़ा रह गया। पीछे आखेट करने वालों का दल आ रहा था। युवती ने शावक को गोद में उठा लिया। दल के और लोग तो स्रोत के संकीर्ण तट की ओर दौड़े; किन्तु वह परिचित युवक युवती के पास चला गया। नारी ने उसे देखने के लिए मुँह फिराया था कि शावक की बड़ी-बड़ी आँखों में उसे अपना प्रतिबिम्ब दिखाई पड़ा। क्षणभर के लिए तन्मय होकर उन निरीह नयनों में नारी अपनी छाया देखने लगी।

नर की पाशव प्रवृत्ति जग पड़ी। वह अब भी सन्ध्या की घटना को भूल न सका था। उसने शावक छीन लेना चाहा। सहसा नारी में अद्भुत परिवर्तन हुआ। शावक को गोद में चिपकाये जिधर हिरन गये थे, उसी ओर वह भी दौड़ी। नर चकित-सा खड़ा रह गया।

नारी हिरनों का अनुसरण कर रही थी। नाले, खोह और छोटी

पहाड़ियाँ, फिर नाला और समतल भूमि। वह दूर हिरनों का झुण्ड, वहीं कुछ दूर! बराबर आगे बढ़ी जा रही थी। आखेट के लिए उन आदिम नरों का झुण्ड बीच-बीच में मिलता। परन्तु उसे क्या? वह तो उस झुण्ड के पीछे चली जा रही थी, जिसमें काली पीठ वाले दो हिरन आगे-आगे चौकड़ी भर रहे थे।

एक बड़ी नादी के तट पर जिसे लाँघना असम्भव समझकर हिरनों का झुण्ड खड़ा हो गया था, नारी रुक गयी। शावक को उनके बीच में उसने छोड़ दिया। नर और पशुओं के जीवन में वह एक आश्चर्यपूर्ण घटना थी। शावक अपनी माता का स्तन-पान करने लगा। युवती पहले-पहल मुस्करा उठी। हिरनों ने सिर झुका दिये। उनका विरोध-भाव जैसे नष्ट हो चुका था। वह लौटकर अपनी गुफा में आयी। चुपचाप थकी-सी पड़ रही। उसके नेत्रों के सामने दो दृश्य थे। एक में प्रकाण्ड शरीरवाला प्रचण्ड बलशाली युवक चकमक के फल का भाला लिए पशुओं का अहेर कर रहा था। दूसरे में वह स्वयं हिरनों के झुण्ड में घिरी हुई खड़ी थी। एक में भय था, दूसरे में स्नेह। दोनों में कौन अच्छा है, वह निश्चय न कर सकी।

❒

नारी की दिनचर्या बदल रही थी। उसके हृदय में एक ललित भाव की सृष्टि हो रही थी। मानस में लहरें उठने लगी थीं। पहला युवक प्रायः आता, उसके पास बैठता और अनेक चेष्टाएँ करता; किन्तु युवती अचल पाषाण-प्रतिमा की तरह बैठी रहती। एक दूसरा भी युवक आने लगा था। वह भी अहेर का माँस या फल कुछ-न-कुछ रख ही जाता। पहला इसे देखकर दाँत पीसता, नस चटकाता, उछलता, कूदता और हाथ-पैर चलाता था। तब भी नारी न तो विरोध करती, न अनुरोध। उन क्रोधपूर्ण हुंकारों को जैसे वह सुनती ही न थी। यह लीला प्रायः नित्य हुआ करती। वह एक प्रकार से अपने दल से निर्वासित उसी गुफा में अपनी कठोर साधना में जैसे निमग्न थी।

एक दिन उसी गुफा के नीचे नदी के पुलिन में एक वराह के पीछे पहला युवक अपना भाला लिए दौड़ता आ रहा था। सामने से दूसरा युवक भी आ गया और उसने अपना भाला चला ही दिया। चोट से विकल वराह पहले युवक की ओर लौट पड़ा, जिसके सामने दो अहेर थे। उसने भी अपना सुदीर्घ भाला कुछ-कुछ जान में और कुछ अनजान में फेंका। वह क्रोध-मूर्ति

था। दूसरा युवक छाती ऊँची किये आ रहा था। भाला उसमें घुस गया। उधर वराह ने अपनी पैनी डाढ़ पहले युवक के शरीर में चुभो दी। दोनों युवक गिर पड़े। वराह निकल गया। युवती ने देखा, वह दौड़कर पहले युवक को उठाने लगी; किन्तु दल के लोग वहाँ पहुँच गये। उनकी घृणापूर्ण दृष्टि से आहत होकर नारी अपनी गुफा में लौट गयी।

आज उसकी आँखों से पहले-पहल आँसू भी गिरे। एक दिन वह हँसी भी थी। मनुष्य-जीवन की ये दोनों प्रधान अभिव्यक्तियाँ उसके सामने क्रम से आयीं। वह रोती थी और हँसती थी, हँसती थी फिर रोती थी।

वसन्त बीत चुका था। प्रचण्ड ग्रीष्म का आरम्भ था। पहाड़ियों से लाल और काले धातुराग बहने लगे थे। युवती जैसे उस जड़ प्रकृति से अपनी तुलना करने लगी। उसकी एक आँख से हँसी और दूसरी से आँसू का उद्गम हुआ करता, वे दोनों दृश्य उसे प्रेरित किये रहते।

नारी ने इन दोनों भावों की अभिव्यक्ति को स्थायी रूप देना चाहा। शावक की आँखों में उसने पहला चित्र देखा था। कुचली हुई वेतस की लता को उसने धातु-राग में डुबोया और अपनी तिकोनी गुफा में पहली चितेरिन चित्र बनाने बैठी। उसके पास दो रंग थे, एक गैरिक, दूसरा कृष्ण। गैरिक से उसने अपना चित्र बनाया, जिसमें हिरनों के झुण्ड में स्वयं वही खड़ी थी, और कृष्ण धातुराग से आखेट का चित्र, जिसमें पशुओं के पीछे अपना भाला ऊँचा किये हुए भीष्म आकृति का नर था।

नदी का वह तट, अमंगलजनक स्थान बहुत काल तक नर-संचार-वर्जित रहा; किन्तु नारी वहीं अपने जीवनपर्यन्त उन दोनों चित्रों को देखती रहती और अपने को कृतकृत्य समझती।

विन्ध्य के अंचल में मनुष्यों के कितने ही दल वहाँ आये और गये। किसी ने पहले उस चित्र-मन्दिर को भय से देखा, किसी ने भक्ति से।

मानव-जीवन के उस काल का वह स्मृतिचिह्न—जब कि उसने अपने हृदयलोक में संसार के दो प्रधान भावों की प्रतिष्ठा की थी—आज भी सुरक्षित है। उस प्रान्त के जंगली लोग उसे राजधानी की गुफा और ललित-कला के खोजी उसे पहला चित्र-मन्दिर कहते हैं।

गुण्डा

वह पचास वर्ष से ऊपर था। तब भी युवकों से अधिक बलिष्ठ और दृढ़ था। चमड़े पर झुर्रियाँ नहीं पड़ी थीं। वर्षा की झड़ी में, पूस की रातों की छाया में, कड़कती हुई जेठ की धूप में, नंगे शरीर घूमने में वह सुख मानता था। उसकी चढ़ी मूँछें बिच्छू के डंक की तरह, देखनेवालों की आँखों में चुभती थीं। उसका साँवला रंग, साँप की तरह चिकना और चमकीला था। उसकी नागपुरी धोती का लाल रेशमी किनारा दूर से ही ध्यान आकर्षित करता। कमर में बनारसी सेल्हे का फेंटा, जिसमें सीप की मूठ का बिछुआ खुँसा रहता था। उसके घुँघराले बालों पर सुनहले पल्ले के साफे का छोर उसकी चौड़ी पीठ पर फैला रहता। ऊँचे कन्धे पर टिका हुआ चौड़ी धार का गँड़ासा, यह थी उसकी धज! पंजों के बल जब वह चलता, तो नसें चटाचट बोलती थीं। वह गुण्डा था।

ईसा की अठारहवीं शताब्दी के अंतिम भाग में वही काशी नहीं रह गयी थी, जिसमें उपनिषद् के अजातशत्रु की परिषद् में ब्रह्मविद्या सीखने के लिए विद्वान् ब्रह्मचारी आते थे। गौतम बुद्ध और शंकराचार्य के धर्म-दर्शन के वाद-विवाद, कई शताब्दियों से लगातार मन्दिरों और मठों के ध्वंस और तपस्वियों के वध के कारण प्रायः बन्द-से हो गये थे। यहाँ तक कि पवित्रता और छुआछूत में कट्टर वैष्णव धर्म भी उस विशृंखलता में, नवागन्तुक धर्मोन्माद में अपनी असफलता देखकर काशी में अघोर रूप धारण कर रहा था। उसी समय समस्त न्याय और बुद्धिवाद को शस्त्र-बल के सामने झुकते देखकर काशी के विच्छिन्न और निराश नागरिक जीवन ने, एक नवीन सम्प्रदाय की सृष्टि की। वीरता जिसका धर्म था। अपनी बात पर मिटना, सिंह-वृत्ति से जीविका ग्रहण करना, प्राण-भिक्षा माँगनेवाले कायरों तथा चोट

खाकर गिरे हुए प्रतिद्वन्द्वी पर शस्त्र न उठाना, सताये निर्बलों को सहायता देना और प्रत्येक क्षण प्राणों को हथेली पर लिए घूमना, उसका बाना था। उन्हें लोग काशी में गुण्डा कहते थे।

जीवन की किसी अलभ्य अभिलाषा से वंचित होकर जैसे प्रायः लोग रिक्त हो जाते हैं, ठीक उसी तरह किसी मानसिक चोट से घायल होकर, एक प्रतिष्ठित जमींदार का पुत्र होने पर भी, नन्हकूसिंह गुण्डा हो गया था। दोनों हाथों से उसने अपनी संपत्ति लुटायी। नन्हकूसिंह ने बहुत-सा रुपया खर्च करके जैसा स्वाँग खेला था, उसे काशीवाले बहुत दिनों तक नहीं भूल सके। वसन्त ऋतु में यह प्रहसनपूर्ण अभिनय खेलने के लिए उन दिनों प्रचुर धन, बल, निर्भीकता और उच्छृंखलता की आवश्यकता होती थी। एक बार नन्हकूसिंह ने भी एक पैर में नुपूर, एक हाथ में तोड़ा, एक आँख में काजल, एक कान में हजारों के मोती तथा दूसरे कान में फटे हुए जूतों का तल्ला लटकाकर, एक में जड़ाऊ मूठ की तलवार, दूसरा हाथ आभूषणों से लदी हुई अभिनय करनेवाली प्रेमिका के कन्धे पर रखकर गाया था–

'कहीं बैगनवाली मिले तो बुला देना।'

प्रायः बनारस के बाहर की हरियालियों में, अच्छे पानीवाले कुओं पर गंगा की धारा में मचलती हुई डोंगी पर वह दिखलाई पड़ता था। कभी-कभी जुआखाने से निकलकर जब वह चौक में आ जाता, को काशी की रँगीली वेश्याएँ मुस्कराकर उसका स्वागत करतीं और उसके दृढ़ शरीर को सस्पृह देखतीं। वह तमोली की ही दूकान पर बैठकर गीत सुनाता, ऊपर कभी नहीं जाता था। जुए की जीत का रुपया मुट्ठियों में भर-भरकर, उनकी खिड़की में वह इस तरह उछालता कि कभी-कभी समाजी लोग अपना सिर सहलाते, तब वह ठठाकर हँस देता। जब कभी लोग कोठे में ऊपर चलने के लिए कहते, तो वह उदासी की साँस खींचकर चुप हो जाता।

वह अभी वंशी के जुआखाने से निकला था। आज उसकी कौड़ी ने साथ न दिया। सोलह परियों के नृत्य में उसका मन न लगा। मन्नू तमोली की दूकान पर बैठते हुए उसने कहा–'आज सायत अच्छी नहीं रही, मन्नू!'

'क्यों मालिक! चिन्ता किस बात की है। हम लोग किस दिन के लिए हैं। सब आप ही का तो है।'

'अरे, बुद्धू ही रहे तुम! नन्हकूसिंह जिस दिन किसी से लेकर जुआ खेलने लगे उसी दिन समझना वह मर गये। तुम जानते नहीं कि मैं जुआ खेलने कब जाता हूँ। जब मेरे पास पैसा नहीं रहता; उसी दिन नाले पर पहुँचते ही जिधर बड़ी ढेरी रहती है, उसी को दबाता हूँ और फिर वही दाँव आता भी है। बाबा कीनाराम का यह वरदान है!'

'तब आज क्यों, मालिक?'

'पहला दाव तो आया ही, फिर दो-चार हाथ बदले पर सब निकल गया। तब भी लो, यह पाँच रुपये बचे हैं। एक रुपया तो पान के लिए रख लो और चार दे दो मलूकी कथक को, कह दो कि दुलारी से गाने के लिए कह दे। हाँ, वही एक गीत–

'विलमि विदेस रहे।'

नन्हकूसिंह की बात सुनते ही मलूकी, जो अभी गाँजे की चिलम पर रखने के लिए अँगारा चूर कर रहा था, घबराकर उठ खड़ा हुआ। वह सीढ़ियों पर दौड़ता हुआ चढ़ गया। चिलम को देखता ही ऊपर चढ़ा, इसलिए उसे चोट भी लगी; पर नन्हकूसिंह की भृकुटि देखने की शक्ति उसमें कहाँ। उसे नन्हकूसिंह की वह मूर्ति न भूली थी, जब इसी पान की दूकान पर जुएखाने से जीता हुआ, रुपये से भरा तोड़ा लिए वह बैठा था। दूर से बोधीसिंह की बारात का बाजा बजता हुआ आ रहा था। नन्हकू ने पूछा–'यह किसकी बारात है?'

ठाकुर बोधीसिंह के लड़के की।'–मन्नू के इतना कहते ही नन्हकू के ओठ फड़कने लगे। उसने कहा–'मन्नू! यह नहीं हो सकता। आज इधर से बारात न जायेगी। बोधीसिंह हमसे निपटकर तब बारात इधर से ले जा सकेंगे।'

मन्नू ने कहा–'तब मालिक मैं क्या करूँ?'

नन्हकू गँड़ासा कन्धे पर से और ऊँचा करके मलूकी से बोला–'मलुकिया देखता है, अभी जा ठाकुर से कह दे, कि बाबू नन्हकूसिंह आज यहीं लगाने के लिए खड़े हैं। समझकर आवें, लड़के की बारात है।' मलुकिया काँपता हुआ ठाकुर बोधीसिंह के पास गया। बोधीसिंह और नन्हकू से पाँच वर्ष से सामना नहीं हुआ है। किसी दिन नाले पर कुछ बातों में ही कहा-सुनी होकर,

बीच-बचाव हो गया था। फिर सामना नहीं हो सका। आज नन्हकू जान पर खेलकर अकेले खड़ा है। बोधीसिंह भी उस आन को समझते थे। उन्होंने मलूकी से कहा—'जा बे, कह दे कि हमको क्या मालूम कि बाबू साहब वहाँ खड़े हैं। जब वह हैं ही, तो दो समधी जाने का क्या काम है।' बोधीसिंह लौट गये और मलूकी के कन्धे पर तोड़ा लादकर बाजे के आगे नन्हकूसिंह बारात लेकर गये। ब्याह में जो कुछ लगा, खर्च किया। ब्याह कराकर तब, दूसरे दिन इसी दूकान तक आकर रुक गये। लड़के को और उसकी बारात को उसके घर भेज दिया।

मलूकी को भी दस रुपया मिला था उस दिन। फिर नन्हकूसिंह की बात सुनकर बैठा रहना और यम को न्योता देना एक ही बात थी। उसने जाकर दुलारी से कहा— 'हम ठेका लगा रहे हैं, तुम गाओ, तब तक बल्लू सारंगीवाला पानी पीकर आता है।'

'बाप रे, कोई आफत आयी है क्या बाबू साहब?' सलाम।—कहकर खिड़की से मुस्कराकर झाँका था कि नन्हकूसिंह उसके सलाम का जवाब देकर, दूसरे एक आनेवाले को देखने लगे।

हाथ में हरौती की पतली-सी छड़ी, आँखों में सुरमा, मुँह में पान, मेंहदी लगी हुई लाल दाढ़ी, जिसकी सफेद जड़ दिखलाई पड़ रही थी, कुव्वेदार टोपी, छकलिया अँगरखा और साथ में लैसदार परतवाले दो सिपाही! कोई मौलवी साहब हैं। नन्हकू हँस पड़ा। नन्हकू की ओर बिना देखे ही मौलवी ने एक सिपाही से कहा—'जाओ, दुलारी से कह दो कि आज रेजीडेण्ट साहब की कोठी पर मुजरा करना होगा, अभी चले, देखो तब तक हम जानअली से कुछ इत्र ले रहे हैं।' सिपाही ऊपर चढ़ रहा था और मौलवी दूसरी ओर चले थे कि नन्हकू ने ललकारकर कहा—'दुलारी! हम कब तक यहाँ बैठे रहें! क्या अभी सरंगिया नहीं आया?'

दुलारी ने कहा—'वाह बाबू साहब! आप ही के लिए तो मैं यहाँ आ बैठी हूँ, सुनिये न! आप तो कभी ऊपर...' मौलवी जल उठा। उसने कड़ककर कहा—'चोबदार! अभी वह सूअर की बच्ची उतरी नहीं। जाओ, कोतवाल के पास मेरा नाम लेकर कहो कि मौलवी अलाउद्दीन कुबरा ने बुलाया है। आकर उसकी मरम्मत करें। देखता हूँ तो जब से नवाबी गयी,

इन काफिरों की मस्ती बढ़ गयी है।'

कुबरा मौलवी! बाप रे–तमोली अपनी दूकान सम्भालने लगा। पास ही एक दूकान पर बैठकर ऊँघता हुआ बजाज चौंककर सिर में चोट खा गया!' इसी मौलवी ने तो महाराज चेतसिंह से साढ़े तीन सेर चींटी के सिर का तेल माँगा था। मौलवी अलाउद्दीन कुबरा! बाजार में हलचल मच गयी। नन्हकूसिंह ने मन्नू से कहा–'क्यों, चुपचाप बैठोगे नहीं!' दुलारी से कहा–'वहीं से बाईजी! इधर-उधर हिलने का काम नहीं। तुम गाओ। हमने ऐसे घसियारे बहुत-से देखे हैं। अभी कल रमल के पासे फेंककर अधेला-अधेला माँगता था, आज चला है रौब गाँठने।'

अब कुबरा ने घूमकर उसकी ओर देखकर कहा–'कौन है यह पाजी!'

'तुम्हारे चाचा बाबू नन्हकूसिंह!'–के साथ ही पूरा बनारसी झापड़ पड़ा। कुबरा का सिर घूम गया। लैस के परत वाले सिपाही दूसरी ओर भाग चले और मौलवी साहब चौंधियाकर जानअली की दुकान पर लड़खड़ाते, गिरते-पड़ते किसी तरह पहुँच गये।

जानअली ने मौलवी से कहा–'मौलवी साहब! भला आप भी उस गुण्डे के मुँह लगने लगे। यह तो कहिये कि उसने गँड़ासा नहीं तौल दिया।' कुबरा के मुँह से बोली नहीं निकल रही थी। उधर दुलारी गा रही थी '... विलमि विदेस रहे...' गाना पूरा हुआ, कोई आया-गया नहीं। तब नन्हकूसिंह धीरे-धीरे टहलता हुआ, दूसरी ओर चला गया। थोड़ी देर में एक डोली रेशमी परदे से ढँकी हुई आयी। साथ में एक चोबदार भी था। उसने दुलारी को राजमाता पन्ना की आज्ञा सुनायी।

दुलारी चुपचाप डोली पर जा बैठी। डोली धूल और सन्ध्याकाल के धुएँ से भरी हुई बनारस की तंग गलियों से होकर शिवालय घाट की ओर चली।

❐

श्रावण का अंतिम सोमवार था। राजमाता पन्ना शिवालय में बैठकर पूजन कर रही थीं। दुलारी बाहर बैठी कुछ अन्य गानेवालियों के साथ भजन गा रही थी। आरती हो जाने पर फूलों की अंजलि बिखेरकर पन्ना ने भक्तिभाव से देवता के चरणों में प्रणाम किया। फिर प्रसाद लेकर बाहर

आते ही उन्होंने दुलारी को देखा। उसने खड़ी होकर हाथ जोड़ते हुए कहा—'मैं पहले ही पहुँच जाती। क्या करूँ, वह कुबरा मौलवी निगोड़ा आकर रेजीडेण्ट की कोठी पर ले जाने लगा। घण्टों इसी झंझट में बीत गया, सरकार!'

'कुबरा मौलवी! जहाँ सुनती हूँ, उसी का नाम। सुना है कि उसने यहाँ भी आकर कुछ...'—फिर न जाने क्या सोचकर बात बदलते हुए पन्ना ने कहा—'हाँ, तब फिर क्या हुआ? तुम कैसे यहाँ आ सकीं?'

'बाबू नन्हकूसिंह उधर आ गये।' मैंने कहा—'सरकार की पूजा पर मुझे भजन गाने को जाना है। और यह जाने नहीं दे रहा है। उन्होंने मौलवी को ऐसा झापड़ लगाया कि उसकी हेकड़ी भूल गयी। और तब जाकर मुझे किसी तरह यहाँ आने की छुट्टी मिली।'

'कौन बाबू नन्हकूसिंह!'

दुलारी ने सिर नीचा करके कहा—'अरे, क्या सरकार को नहीं मालूम? बाबू निरंजनसिंह के लड़के! उस दिन, जब मैं बहुत छोटी थी, आपकी बारी में झूला झूल रही थी, जब नवाब का हाथी बिगड़कर आ गया था, बाबू निरंजनसिंह के कुँवर ने ही तो उस दिन लोगों की रक्षा की थी।'

राजमाता का मुख उस प्राचीन घटना को स्मरण करके न जाने क्यों विवर्ण हो गया। फिर अपने को सँभालकर उन्होंने पूछा—'तो बाबू नन्हकूसिंह उधर कैसे आ गये?'

दुलारी ने मुस्कराकर सिर नीचा कर लिया! दुलारी राजमाता पन्ना के पिता की जमींदारी में रहनेवाली वेश्या की लड़की थी। उसके साथ ही कितनी बार झूले-हिंडोले अपने बचपन में पन्ना झूल चुकी थी। वह बचपन से ही गाने में सुरीली थी। सुन्दरी होने पर चंचल भी थी। पन्ना जब काशीराज की माता थी, तब दुलारी काशी की प्रसिद्ध गानेवाली थी। राजमहल में उसका गाना-बजाना हुआ करता। महाराज बलवन्तसिंह के समय से ही संगीत पन्ना के जीवन का आवश्यक अंश था। हाँ, अब प्रेम-दुःख और दर्द-भरी विरह-कल्पना के गीत की ओर अधिक रुचि न थी। अब सात्विक भावपूर्ण भजन होता था। राजमाता पन्ना का वैधव्य से दीप्त शान्त मुख-मण्डल कुछ मलिन हो गया।

बड़ी रानी की सापत्न्य ज्वाला बलवन्तसिंह के मर जाने पर भी नहीं बुझी। अन्तःपुर कलह का रंगमंच बना रहता, इसी से प्रायः पन्ना काशी के राजमन्दिर में आकर पूजा-पाठ में अपना मन लगाती। रामनगर में उसको चैन नहीं मिलता। नयी रानी होने के कारण बलवन्तसिंह की प्रेयसी होने का गौरव तो उसे था ही, साथ में पुत्र उत्पन्न करने का सौभाग्य भी मिला, फिर भी असवर्णता का सामाजिक दोष उसके हृदय को व्यथित किया करता। उसे अपने ब्याह की आरम्भिक चर्चा का स्मरण हो आया।

छोटे-से मंच पर बैठी, गंगा की उमड़ती हुई धारा को पन्ना अन्यमनस्क होकर देखने लगी। उस बात को, जो अतीत में एक बार, हाथ से अनजाने में खिसक जानेवाली वस्तु की तरह गुप्त हो गयी हो; सोचने का कोई कारण नहीं। उससे कुछ बनता-बिगड़ता भी नहीं, परन्तु मानव-स्वभाव हिसाब रखने की प्रथानुसार कभी-कभी कह बैठता है, 'कि यदि वह बात हो गयी होती तो?' ठीक उसी तरह पन्ना भी राजा बलवन्तसिंह द्वारा बलपूर्वक रानी बनाई जाने के पहले की एक सम्भावना को सोचने लगी थी। सो भी बाबू नन्हकूसिंह का नाम सुन लेने पर। गेंदा मुँहलगी दासी थी। वह पन्ना के साथ उसी दिन से है, जिस दिन से पन्ना बलवन्त सिंह की प्रेयसी हुई। राज्य-भर का अनुसन्धान उसी के द्वारा मिला करता। और उसे न जाने कितनी जानकारी भी थी। उसने दुलारी का रंग उखाड़ने के लिए कुछ कहना आवश्यक समझा।

'महारानी! नन्हकूसिंह अपनी सब जमींदारी स्वाँग, भैसों की लड़ाई, घुड़दौड़ और गाने-बजाने में उड़ाकर अब डाकू हो गया है। जितने खून होते हैं, सबमें उसी का हाथ रहता है। जितनी...' उसे रोककर दुलारी ने कहा—'यह झूठ है। बाबू साहब के ऐसा धर्मात्मा तो कोई है ही नहीं। कितनी विधवाएँ उनकी दी हुई धोती से अपना तन ढँकती हैं। कितनी लड़कियों की ब्याह-शादी होती है। कितने सताये हुए लोगों की उनके द्वारा रक्षा होती है।'

रानी पन्ना के हृदय में एक तरलता उद्वेलित हुई। उन्होंने हँसकर कहा—'दुलारी, वे तेरे यहाँ आते हैं न? इसी से तू उनकी बड़ाई...।'

'नहीं सरकार! शपथ खाकर कह सकती हूँ कि बाबू नन्हकूसिंह ने आज तक कभी मेरे कोठे पर पैर भी नहीं रखा।'

राजमाता न जाने क्यों इस अद्भुत व्यक्ति को समझने के लिए चंचल हो उठी थीं। तब भी उन्होंने दुलारी को आगे कुछ न कहने के लिए तीखी दृष्टि से देखा। वह चुप हो गयी। पहले पहर की शहनाई बजने लगी। दुलारी छुट्टी माँगकर डोली पर बैठ गयी। तब गेंदा ने कहा–'सरकार! आजकल नगर की दशा बड़ी बुरी है। दिन-दहाड़े लोग लूट लिये जाते हैं। सैकड़ों जगह नाल पर जुए में लोग अपना सर्वस्व गँवाते हैं। बच्चे फुलसाये जाते हैं। गलियों में लाठियाँ और छुरा चलने के लिए टेढ़ी भौंहें कारण बन जाती हैं। उधर रेजीडेण्ट साहब से महाराज की अनबन चल रही है।'

राजमाता चुप रहीं।

दूसरे दिन राजा चेतसिंह के पास रेजीडेण्ट मार्कहेम की चिट्ठी आयी, जिसमें नगर की दुर्व्यवस्था की कड़ी आलोचना थी। डाकुओं और गुण्डों को पकड़ने के लिए, उन पर कड़ा नियन्त्रण रखने की सम्मति भी थी। कुबरा मौलवीवाली घटना का भी उल्लेख था। उधर हेस्टिंग्स के आने की भी सूचना थी। शिवालय-घाट और रामनगर में हलचल मच गयी! कोतवाल हिम्मतसिंह पागल की तरह, जिसके हाथ में लाठी, लोहाँगी, गँड़ासा, बिछुआ और करौली देखते, उसी को पकड़ने लगे।

एक दिन नन्हकूसिंह सुम्भा के नाले के संगम पर, ऊँचे से टीले की घनी हरियाली में अपने चुने हुए साथियों के साथ दूधिया छान रहे थे। गंगा में, उनकी पतली डोंगी बड़ की जटा से बँधी थी। कथकों का गाना हो रहा था। चार उलाँकी इक्के कसे-कसाये खड़े थे।

नन्हकूसिंह ने अकस्मात् कहा–'मलूकी! गाना जमता नहीं है। उलाँकी पर बैठकर जाओ, दुलारी को बुला लाओ।' मलूकी वहाँ मजीरा बजा रहा था। दौड़कर इक्के पर जा बैठा। आज नन्हकूसिंह का मन उखड़ा था। बूटी कई बार छानने पर भी नशा नहीं। एक घंटे में दुलारी सामने आ गयी। उसने मुस्कराकर कहा–'क्या हुक्म है बाबू साहब?'

'दुलारी! आज गाना सुनने का मन कर रहा है।'

'इस जंगल में क्यों?'–उसने सशंक हँसकर कुछ अभिप्राय से पूछा।

'तुम किसी तरह का खटका न करो।' नन्हकूसिंह ने हँसकर कहा।

'यह तो मैं उस दिन महारानी से भी कह आयी हूँ।'

'क्या, किससे?'

'राजमाता पन्नादेवी से'—फिर उस दिन गाना नहीं जमा। दुलारी ने आश्चर्य से देखा कि तानों में नन्हकू की आँखें तर हो जाती हैं। गाना-बजाना समाप्त हो गया था। वर्षा की रात में झिल्लियों का स्वर उस झुरमुट में गूँज रहा था। मन्दिर के समीप ही छोटे-से कमरे में नन्हकूसिंह चिन्ता-निमग्न बैठा था। आँखों में नींद नहीं। और सब लोग तो सोने लगे थे, दुलारी जाग रही थी। वह भी कुछ सोच रही थी। आज उसे, अपने को रोकने के लिए कठिन प्रयत्न करना पड़ रहा था; किन्तु असफल होकर वह उठी और नन्हकू के समीप धीरे-धीरे चली आयी। कुछ आहट पाते ही चौंककर नन्हकूसिंह ने पास ही पड़ी हुई तलवार उठा ली। तब तक हँसकर दुलारी ने कहा—'बाबू साहब, यह क्या? स्त्रियों पर भी तलवार चलाई जाती है!'

छोटे-से दीपक के प्रकाश में वासना-भरी रमणी का मुख देखकर नन्हकू हँस पड़ा। उसने कहा—'क्यों बाईजी! क्या इसी समय जाने की पड़ी है। मौलवी ने फिर बुलाया है क्या?' दुलारी नन्हकू के पास बैठ गयी। नन्हकू ने कहा—'क्या तुमको डर लग रहा है?'

'नहीं, मैं कुछ पूछने आयी हूँ।'

'क्या?'

'क्या...यही कि...कभी तुम्हारे हृदय में...'

'उसे न पूछो दुलारी! हृदय को बेकार ही समझकर तो उसे हाथ में लिये फिर रहा हूँ। कोई कुछ कर देता—कुचलता—चीरता—उछालता! मर जाने के लिए सब कुछ तो करता हूँ, पर मरने नहीं पाता।'

'मरने के लिए भी कहीं खोजने जाना पड़ता है। आपको काशी का हाल क्या मालूम! न जाने घड़ी भर में क्या हो जाय। क्या उलट-पलट होनेवाला है, बनारस की गलियाँ जैसे काटने दौड़ती हैं।'

'कोई नयी बात इधर हुई है क्या?'

'कोई हेस्टिंग्ज आया है। सुना है उसने शिवालय-घाट पर तिलंगों की कम्पनी का पहरा बैठा दिया है। राजा चेतसिंह और राजमाता पन्ना वहीं हैं। कोई-कोई कहता है कि उनको पकड़कर कलकत्ता भेजने...'

'क्या पन्ना भी...रनिवास भी वहीं है'—नन्हकू अधीर हो उठा था।

'क्यों बाबू साहब, आज रानी पन्ना का नाम सुनकर आपकी आँखों में आँसू क्यों आ गये?'

सहसा नन्हकू का मुख भयानक हो उठा! उसने कहा--'चुप रहो, तुम उसको जानकर क्या करोगी?' वह उठ खड़ा हुआ। उद्विग्न की तरह न जाने क्या खोजने लगा। फिर स्थिर होकर उसने कहा–'दुलारी! जीवन में आज यह पहला ही दिन है कि एकान्त रात में एक स्त्री मेरे पलँग पर आकर बैठ गयी है, मैं चिरकुमार! अपनी एक प्रतिज्ञा का निर्वाह करने के लिए सैकड़ों असत्य, अपराध करता फिर रहा हूँ। क्यों? तुम जानती हो? मैं स्त्रियों का घोर विद्रोही हूँ और पन्ना!...किन्तु उसका क्या अपराध! अत्याचारी बलवन्तसिंह के कलेजे में बिछुआ मैं न उतार सका। किन्तु पन्ना! उसे पकड़कर गोरे कलकत्ते भेज देंगे! वही...।'

नन्हकूसिंह उन्मत्त हो उठा था। दुलारी ने देखा, नन्हकू अन्धकार में ही वटवृक्ष के नीचे पहुँचा और गंगा की उमड़ती हुई धारा में डोंगी खोल दी–उसी घने अन्धकार में। दुलारी का हृदय काँप उठा।

❑

16 अगस्त सन् 1881 को काशी डाँवाँडोल हो रही थी। शिवालय घाट में राजा चेतसिंह लेफ्टिनेण्ट इस्टाकर के पहरे में थे। नगर में आतंक था। दूकानें बन्द थीं। घरों में बच्चे अपनी माँ से पूछते थे–'माँ, आज हलुएवाला नहीं आया।' वह कहती–'चुप बेटे!–' सड़कें सूनी पड़ी थीं। तिलंगों की कम्पनी के आगे-आगे कुबरा मौलवी कभी-कभी, आता-जाता दिखाई पड़ता था। उस समय खुली हुई खिड़कियाँ बन्द हो जाती थीं। भय और सन्नाटे का राज्य था। चौक में चिथरूसिंह की हवेली अपने भीतर काशी की वीरता को बन्द किये कोतवाल का अभिनय कर रही थी। इसी समय किसी ने पुकारा–'हिम्मतसिंह!'

खिड़की में से सिर निकालकर हिम्मतसिंह ने पूछा–'कौन?'

'बाबू नन्हकूसिंह!'

'अच्छा, तुम अब तक बाहर ही हो?'

'पागल! राजा कैद हो गये हैं। छोड़ दो इन सब बहादुरों को! हम एक बार इनको लेकर शिवालय-घाट जायें।'

'ठहरो'—कहकर हिम्मतसिंह ने कुछ आज्ञा दी, सिपाही बाहर निकले। नन्हकू की तलवार चमक उठी। सिपाही भीतर भागे। नन्हकू ने कहा—'नमक-हरामो! चूड़ियाँ पहन लो।' लोगों के देखते-देखते नन्हकूसिंह चला गया। कोतवाली के सामने फिर सन्नाटा हो गया।

नन्हकू उन्मत्त था। उसके थोड़े-से साथी उसकी आज्ञा पर जान देने के लिए तुले थे। वह नहीं जानता था कि राजा चेतसिंह का क्या राजनैतिक अपराध है? उसने कुछ सोचकर अपने थोड़े-से साथियों को फाटक पर गड़बड़ मचाने के लिए भेज दिया। इधर अपनी डोंगी लेकर शिवालय की खिड़की के नीचे धारा काटता हुआ पहुँचा। किसी तरह निकले हुए पत्थर में रस्सी अटकाकर, चंचल डोंगी को उसने स्थिर किया और बन्दर की तरह उछलकर खिड़की के भीतर हो रहा। उस समय वहाँ राजमाता पन्ना और राजा चेतसिंह से बाबू मनियारसिंह कह रहे थे—'आपके यहाँ रहने से, हम लोग क्या करें, यह समझ में नहीं आता। पूजा-पाठ समाप्त करके आप रामनगर चली गयी होतीं, तो यह...'

तेजस्विनी पन्ना ने कहा—'मैं रामनगर कैसे चली जाऊँ?'

मनियारसिंह दुखी होकर बोले—'कैसे बताऊँ? मेरे सिपाही तो बन्दी हैं।'

इतने में फाटक पर कोलाहल मचा। राज-परिवार अपनी मन्त्रणा में डूबा था कि नन्हकूसिंह का आना उन्हें मालूम हुआ। सामने का द्वार बन्द था। नन्हकूसिंह ने एक बार गंगा की धारा को देखा—उसमें एक नाव घाट पर लगने के लिए लहरों से लड़ रही थी। वह प्रसन हो उठा। इसी की प्रतीक्षा में वह रुका था। उसने जैसे सबको सचेत करते हुए कहा—'महारानी कहाँ हैं?'

सबने घूमकर देखा—अपरिचित और वीर-मूर्ति! शस्त्रों से लदा हुआ पूरा देव!

चेतसिंह ने पूछा—'तुम कौन हो?'

'राज-परिवार का एक बिना दाम का सेवक!'

पन्ना के मुँह से हलकी-सी एक साँस निकलकर रह गयी। उसने पहचान लिया। इतने वर्षों बाद! वही नन्हकूसिंह।

मनियारसिंह ने पूछा—'तुम क्या कर सकते हो?'

'मैं मर सकता हूँ! पहले महारानी को डोंगी पर बिठाइये। नीचे दूसरी डोंगी पर अच्छे मल्लाह हैं। फिर बात कीजिये।'—मनियारसिंह ने देखा, जनानी ड्योढ़ी का दारोगा राज की एक डोंगी पर चार मल्लाहों के साथ खिड़की से नाव सटाकर प्रतीक्षा में है। उन्होंने पन्ना से कहा—'चलिये, मैं साथ चलता हूँ।'

'और...' चेतसिंह को देखकर, पुत्रवत्सला ने संकेत से एक प्रश्न किया, उसका उत्तर किसी के पास न था। मनियारसिंह ने कहा—'तब मैं यहीं?' नन्हकू ने हँसकर कहा—'मेरे मालिक, आप नाव पर बैठें। जब तक राजा भी नाव पर बैठ न जायेंगे, तब तक सत्रह गोली खाकर भी नन्हकूसिंह जीवित रहने की प्रतिज्ञा करता है।'

पन्ना ने नन्हकू को देखा। एक क्षण के लिए चारों आँखें मिलीं, जिनमें जन्म-जन्म का विश्वास ज्योति की तरह जल रहा था। फाटक बलपूर्वक खोला जा रहा था। नन्हकू ने उन्मत्त होकर कहा—'मालिक! जल्दी कीजिये।'

दूसरे क्षण पन्ना डोंगी पर थी और नन्हकूसिंह फाटक पर इस्टाकर के साथ। चेतराम ने आकर एक चिट्ठी मनियारसिंह को हाथ में दी। लेफ्टिनेण्ट ने कहा—'आपके आदमी गड़बड़ मचा रहे हैं। अब मैं अपने सिपाहियों को गोली चलाने से नहीं रोक सकता।'

'मेरे सिपाही यहाँ हैं, साहब?' मनियारसिंह ने हँसकर कहा। बाहर कोलाहल बढ़ने लगा।

चेतराम ने कहा—'पहले चेतसिंह को कैद कीजिये।'

'कौन ऐसी हिम्मत करता है?' कड़ककर कहते हुए बाबू मनियारसिंह ने तलवार खींच ली। अभी बात पूरी न हो सकी थी कि कुबरा मौलवी वहाँ पहुँचा! यहाँ मौलवी साहब की कलम नहीं चल सकती थी, और न ये बाहर ही जा सकते थे। उन्होंने कहा—'देखते क्या हो चेतराम!'

चेतराम ने राजा के ऊपर हाथ रखा ही था कि नन्हकू के सधे हुए हाथ ने उसकी भुजा उड़ा दी। इस्टाकर आगे बढ़े, मौलवी साहब चिल्लाने लगे। नन्हकूसिंह ने देखते-देखते इस्टाकर और उसके कई साथियों को

धराशायी किया। फिर मौलवी साहब कैसे बचते!

नन्हकूसिंह ने कहा–'क्यों, उस दिन के झापड़ ने तुमको समझाया नहीं? पाजी!'–कहकर ऐसा साफ जनेवा मारा कि कुबरा ढेर हो गया। कुछ ही क्षणों में वह भीषण घटना हो गयी, जिसके लिए अभी कोई प्रस्तुत न था।

नन्हकूसिंह ने ललकारकर चेतसिंह से कहा–'आप क्या देखते हैं? उतरिये डोंगी पर!'–उसके घावों से रक्त के फुहारे छूट रहे थे। उधर फाटक से तिलंगे भीतर आने लगे थे। चेतसिंह ने खिड़की से उतरते हुए देखा कि बीसों तिलंगों की संगीनों में वह अविचलित होकर तलवार चला रहा है। नन्हकू के चट्टानसदृश शरीर से गैरिक की तरह रक्त की धारा बह रही है। गुण्डे का एक-एक अंग कटकर वहीं गिरने लगा। वह काशी का गुण्डा था!

अनबोला

उसके जाल में सीपियाँ उलझ गयी थीं। जग्गैया से उसने कहा—'इसे फैलाती हूँ, तू सुलझा दे।'

जग्गैया ने कहा—'मैं क्या तेरा नौकर हूँ?'

कामैया ने तिनककर अपने खेलने का छोटा-सा जाल और भी बटोर लिया। समुद्र-तट के छोटे-से होटल के पास की गली से अपनी झोंपड़ी की ओर चली गयी। जग्गैया उस अनखाने का सुख लेता-सा गुनगुनाकर गाता हुआ, अपनी खजूर की टोपी और भी तिरछी करके, सन्ध्या की शीतल बालुका को पैरों से उछालने लगा।

❑

दूसरे दिन, जब समुद्र में स्नान करने के लिए यात्री लोग आ गये थे; सिन्दूर-पिण्ड-सा सूर्य समुद्र के नील जल में स्नान कर प्राची के आकाश के ऊपर उठ रहा था; तब कामैया अपने पिता के साथ धीवरों के झुण्ड में खड़ी थी; उसके पिता की नावें समुद्र की लहरों पर उछल रही थीं। महाजाल पड़ा था, उसे बहुत-से धीवर मिलकर खींच रहे थे। जग्गैया ने आकर कामैया की पीठ में उँगली गोद दी। कामैया कुछ खिसककर दूर जा खड़ी हुई। उसने जग्गैया की ओर देखा भी नहीं।

जग्गैया की केवल माँ थी, वह कामैया के पिता के यहाँ लगी-लिपटी रहती, अपना पेट पालती थी। वह बेंत की दौरी लिए वहीं खड़ी थी। कामैया की मछलियाँ ले जाकर बाजार में बेचना उसी का काम था।

जग्गैया नटखट था। वह अपनी माँ को वहीं देखकर और हट गया; किन्तु कामैया की ओर देखकर उसने मन-ही-मन कहा—अच्छा।

❑

महाजाल खींचकर आया। कुछ तो मछलियाँ थीं ही; पर उसमें एक भीषण समुद्री बाघ भी था। दर्शकों के झुण्ड जुट पड़े। कामैया के पिता से कहा गया उसे जाल में से निकालने के लिए, जिससे प्रकृति की उस भीषण कारीगरी को लोग भलीभाँति देख सकें।

लोभ संवरण न करके उसने समुद्री बाघ को जाल से निकाला। एक खूँटे से उसकी पूँछ बाँध दी गयी। जग्गैया की माँ अपना काम करने की धुन में जाल में मछलियाँ पकड़कर दौरी में रख रही थी। समुद्री बाघ बालू की विस्तृत बेला में एक बार उछला। जग्गैया की माता का हाथ उसके मुँह में चला गया। कोलाहल मचा; पर बेकार! बेचारी का हाथ वह चबा गया।

दर्शक लोग चले गये। जग्गैया अपनी मूर्छित माता को उठाकर झोंपड़ी में जब ले चला, तब उसके मन में कामैया के पिता का असीम क्रोध और दर्शकों के लिए प्रतिहिंसा उद्वेलित हो रही थी। कामैया की आँखों से आँसू बह रहे थे। तब भी वह बोली नहीं।

❑

कई सप्ताह से महाजाल में मछलियाँ नहीं के बराबर फँस रही थीं। चावलों की बोझाई तो बन्द थी ही, नावें बेकार पड़ी रहती थीं। मछलियों का व्यवसाय चल रहा था; वह भी डाँवाँडोल हो रहा था। किसी देवता की अकृपा है क्या?

कामैया के पिता ने रात को पूजा की। बालू की वेदियों के पास खजूर की डालियाँ गड़ी थीं। समुद्री बाघ के दाँत भी बिखरे थे। बोतलों में मदिरा भी पुजारियों के समीप प्रस्तुत थी। रात में समुद्र-देवता की पूजा आरम्भ हुई।

जग्गैया दूर—जहाँ तक समुद्र की लहरें आकर लौट जाती हैं, वहीं—बैठा हुआ चुपचाप अनन्त जलराशि की ओर देख रहा था, और मन में सोच रहा था—क्यों मेरे पास एक नाव न रही? मैं कितनी मछलियाँ पकड़ता; आह! फिर मेरी माता को इतना कष्ट क्यों होता। अरे! वह तो मर रही है; मेरे लिए इसी अन्धकार-सा दारिद्र्य छोड़कर! तब भी देखें, भाग्य-देवता क्या करते हैं। इसी रग्गैया की मजदूरी करने से तो वह मर रही है।

उसके क्रोध का उद्वेग समुद्र-सा गर्जन करने लगा।

❑

पूजा समाप्त करके मदिरारुण नेत्रों से घूरते हुए पुजारी ने कहा—'रग्गैया! तुम अपना भला चाहते हो, तो जग्गैया के कुटुम्ब से कोई सम्बन्ध न रखना। समझा न?'

उधर जग्गैया का क्रोध अपनी सीमा पार कर रहा था। उसकी इच्छा होती थी कि रग्गैया का गला घोंट दे किन्तु वह निर्बल बालक। उसके सामने से जैसे लहरें लौट जाती थीं, उसी तरह उसका क्रोध मूर्छित होकर गिरता-सा प्रत्यावर्तन करने लगा। वह दूर-ही-दूर अन्धकार में झोंपड़ी की ओर लौट रहा था।

सहसा किसी का कठोर हाथ उसके कन्धे पर पड़ा। उसने चौंककर कहा—'कौन?'

मदिरा-विह्वल कण्ठ से रग्गैया ने कहा—'तुम मेरे घर कल से न आना।'

जग्गैया वहीं बैठ गया। वह फूट-फूटकर रोना चाहता था; परन्तु अन्धकार उसका गला घोंट रहा था। दारुण क्षोभ और निराशा उसके क्रोध को उत्तेजित करती रही। उसे अपनी माता के तत्काल न मर जाने पर झुँझलाहट-सी हो रही थी। समीर अधिक हो चला। प्राची का आकाश स्पष्ट होने लगा; पर जग्गैया का अदृष्ट तमसाच्छन्न था।

❒

कामैया ने धीरे-धीरे आकर जग्गैया की पीठ पर हाथ रख दिया। उसने घूमकर देखा। कामैया की आँखों में आँसू भरे थे। दोनों चुप थे।

कामैया की माता ने पुकारकर कहा—'जग्गैया! तेरी माँ मर गयी। इसको अब ले जा।'

जग्गैया धीरे-धीरे उठा और अपनी माता के शव के पास खड़ा हो गया। अब उसके मुख पर हर्ष-विषाद, सुख-दुःख कुछ भी नहीं था। उससे कोई बोलता न था और वह भी किसी से बोलना नहीं चाहता था; किन्तु कामैया भीतर-ही-भीतर फूट-फूटकर रो रही थी; पर वह बोले कैसे? उससे तो अनबोला था न!

देवरथ

दो-तीन रेखाएँ भाल पर, काली पुतलियों के समीप मोटी और काली बरौनियों का घेरा, घनी आपस में मिली रहनेवाली भवें और नासा-पुट के नीचे हल्की- हल्की हरियाली उस तापसी के गोरे मुँह पर सबल अभिव्यक्ति की प्रेरणा प्रगट करती थी।

यौवन, काषाय से कहीं छिप सकता है। संसार को दुःखपूर्ण समझकर ही तो वह संघ की शरण में आयी थी। उसके आशापूर्ण हृदय पर कितनी ही ठोकरें लगी थीं। तब भी यौवन ने साथ न छोड़ा। भिक्षुणी बनकर भी वह शान्ति न पा सकी थी। वह आज अत्यन्त अधीर थी।

चैत की अमावस्या का प्रभात था। अश्वत्थ वृक्ष की मिट्टी-सी सफेद डालों और तने पर ताम्र अरुण कोमल पत्तियाँ निकल आयी थीं। उन पर प्रभात की किरणें पड़कर लोट-पोट हो जाती थीं। इतनी स्निग्ध शय्या उन्हें कहाँ मिली थी।

सुजाता सोच रही थी। आज अमावस्या है। अमावस्या तो उसके हृदय में सवेरे से ही अन्धकार भर रही थी। दिन का आलोक उसके लिए नहीं के बराबर था। वह अपने विशृंखल विचारों को छोड़कर कहाँ भाग जाय। शिकारियों का झुण्ड और अकेली हरिणी! उसकी आँखें बन्द थीं।

आर्यमित्र खड़ा रहा। उसने देख लिया कि सुजाता की समाधि अभी न खुलेगी। वह मुस्कुराने लगी। उसके कृत्रिम शील ने भी उसको वर्जित किया। संघ के नियमों ने हृदय पर कोड़े लगाये; पर वह भिक्षु वहीं खड़ा रहा।

भीतर के अन्धकार से ऊबकर सुजाता ने आलोक के लिए आँखें खोल दीं। आर्यमित्र को देखकर आलोक की भीषणता उसकी आँखों के

सामने नाचने लगी। उसने शक्ति बटोरकर कहा—'वन्दे!'

आर्यमित्र पुरुष था। भिक्षुणी का उसके सामने नत होना संघ का नियम था। आर्यमित्र ने हँसते हुए अभिवादन का उत्तर दिया, और पूछा—'सुजाता, आज तुम स्वस्थ हो?'

सुजाता उत्तर देना चाहती थी। पर...आर्यमित्र के काषाय के नवीन रंग में उसका मन उलझ रहा था। वह चाहती थी कि आर्यमित्र चला जाय; चला जाय उसकी चेतना के घेरे के बाहर। इधर वह अस्वस्थ थी, आर्यमित्र उसे औषधि देता था। संघ का वह वैद्य था। अब वह अच्छी हो गयी है। उसे आर्यमित्र की आवश्यकता नहीं। किन्तु...है तो...हृदय को उपचार की अत्यन्त आवश्यकता है। तब आर्यमित्र! वह क्या करे। बोलना ही पड़ा—

'हाँ, अब तो स्वस्थ हूँ।'

'अभी पथ्य सेवन करना होगा।'

'अच्छा।'

'मुझे और भी एक बात कहनी है।'

'क्या? नहीं, क्षमा कीजिये। आपने कब से प्रव्रज्या ली है?'

'वह सुनकर तुम क्या करोगी? संसार ही दुःखमय है।'

'ठीक तो...अच्छा, नमस्कार।'

आर्यमित्र चला गया; किन्तु उसके जाने से जो आन्दोलन आलोक-तरंग में उठा, उसी में सुजाता झूमने लगी थी। उसे मालूम नहीं, कब से महास्थविर उसके समीप खड़े थे।

❐

समुद्र का कोलाहल कुछ सुनने नहीं देता था। सन्ध्या धीरे-धीरे विस्तृत नील जल-राशि पर उतर रही थी। तरंगों पर तरंगें बिखरकर चूर हो रही थीं। सुजाता बालुका की शीतल वेदी पर बैठी हुई अपलक आँखों से उस क्षणिकता का अनुभव कर रही थी; किन्तु नीलाम्बुधि का महान् संसार किसी वास्तविकता की ओर संकेत कर रहा था। सत्ता की सम्पूर्णता धुँधली सन्ध्या में मूर्तिमान हो रही थी। सुजाता बोल उठी—

'जीवन सत्य है, संवेदना सत्य है, आत्मा के आलोक में अन्धकार कुछ नहीं है।'

'सुजाता, यह क्या कह रही हो?' पीछे से आर्यमित्र ने कहा।

'कौन, आर्यमित्र!'

'मैं भिक्षुणी क्यों हुई आर्यमित्र!'

'व्यर्थ सुजाता। मैंने अमावस्या की गम्भीर रजनी में संघ के सम्मुख पापी होना स्वीकार कर लिया है। अपने कृत्रिम शील के आवरण में सुरक्षित नहीं रह सका। मैंने महास्थविर से कह दिया कि संघमित्र का पुत्र आर्यमित्र सांसारिक विभूतियों की उपेक्षा नहीं कर सकता। कई पुरुषों की संचित महौषधियाँ, कलिंग के राजवैद्य पद का सम्मान, सहज में छोड़ा नहीं जा सकता। मैं केवल सुजाता के लिए ही भिक्षु बना था। उसी का पता लगाने के लिए मैं नील विहार में आया था। वह मेरी वाग्दत्ता भावी पत्नी है।'

'किन्तु आर्यमित्र, तुमने विलम्ब किया, मैं तुम्हारी पत्नी न हो सकूँगी।'—सुजाता ने बीच ही में रोककर कहा।

'क्यों सुजाता! यह काषाय क्या शृंखला है? फेंक दो इसे। वाराणसी के स्वर्ण- खचित वसन ही तुम्हारे परिधान के लिए उपयुक्त हैं। रत्नमाला, मणि-कंकण और हेमकांची तुम्हारी कमल-कोमल अंग-लता को सजावेगी। तुम—राजरानी बनोगी।'

'किन्तु...'

'किन्तु क्या सुजाता? मेरा हृदय फटा जाता है। बोलो, मैं संघ का बन्धन तोड़ चुका हूँ और तुम भी तो जीवन की, आत्मा की क्षणिकता में विश्वास नहीं करती हो?'

'किन्तु आर्यमित्र! मैं वह अमूल्य उपहार—जो स्त्रियाँ, कुलवधुएँ अपने पति के चरणों में समर्पण करती हैं—कहाँ से लाऊँगी? वह वरमाला जिसमें दूर्वा-सदृश कौमार्य हरा-भरा रहता हो, जिसमें मधूक-कुसुम-सा हृदय-रस भरा हो, कैसे, कहाँ से तुम्हें पहना सकूँगी?'

'क्यों सुजाता? उसमें कौन-सी बाधा है?' कहते-कहते आर्यमित्र का स्वर कुछ तीक्ष्ण हो गया। वह अँगूठे से बालू बिखेरने लगा!

'उसे सुनकर तुम क्या करोगे। जाओ, राज-सुख भोगो। मुझ जन्म की दुखिया के पीछे अपना आनन्दपूर्ण भविष्य-संसार नष्ट न करो, आर्यमित्र! जब तुमने संघ का बन्धन भी तोड़ दिया है, तब मुझ पामरी के मोह का

बन्धन भी तोड़ डालो।'

सुजाता के वक्ष में श्वास भर रहा था।

आर्यमित्र ने निर्जन समुद्र-तट के उस मलिन सायंकाल में, सुजाता का हाथ पकड़कर तीव्र स्वर में पूछा–'सुजाता, स्पष्ट कहो; क्या तुम मुझसे प्रेम नहीं करती हो?'

'करती हूँ आर्यमित्र! इसी का दुःख है। नहीं तो भैरवी के लिए किस उपभोग की कमी है?'

आर्यमित्र ने चौंककर सुजाता का हाथ छोड़ते हुआ कहा–'क्या कहा भैरवी!'

'हाँ आर्यमित्र। मैं भैरवी हूँ, मेरी...' आगे वह कुछ न कह सकी। आँखों से जल-बिंदु ढुलक रहे थे, जिनमें वेदना के समुद्र ऊर्मिल हो रहे थे।

आर्यमित्र अधीर होकर सोचने लगा–'पारिवारिक पवित्र बन्धनों को तोड़कर जिस मुक्ति की–निर्वाण की–आशा में जनता दौड़ रही है, उस धर्म की यही सीमा है। वह अन्धेर–गृहस्थों का सुख न देख सकनेवालों का यह निर्मम दण्ड समाज कब तक भोगेगा?'

सहसा प्रकृतिस्थ होकर उसने कहा–'सुजाता! मेरा सिर घूम रहा है जैसे देवरथ का चक्र, परन्तु मैं तुमको अब भी पत्नी-रूप में ग्रहण करूँगा। सुजाता चलो।'

'किन्तु मैं तुम्हें पति रूप में ग्रहण न कर सकूँगी। अपनी सारी लांछना तुम्हारे साथ बाँटकर जीवन-संगिनी बनने का दुस्साहस न कर सकूँगी। आर्यमित्र, मुझे क्षमा करो! मेरी वेदना रजनी से भी काली है और दुःख, समुद्र से भी विस्तृत है। स्मरण है? इसी महोदधि के तट पर बैठकर, सिकता में हम लोग अपना नाम साथ-ही-साथ लिखते थे। चिर रोदनकारी निष्ठुर समुद्र अपनी लहरों की उँगली से उसे मिटा देता था। मिट जाने दो हृदय की सिकता से प्रेम का नाम! आर्यमित्र, इस रजनी के अन्धकार में उसे विलीन हो जाने दो।'

'सुजाता'–सहसा एक कठोर स्वर सुनाई पड़ा।

दोनों ने घूमकर देखा, अन्धकार-सी भीषण मूर्ति, संघस्थविर।

❐

उसके जीवन में परमाणु बिखर रहे थे। निशा की कालिमा में सुजाता सिर झुकाये हुए बैठी, देव-प्रतिमा की रथयात्रा का समारोह देख रही थी; किन्तु दौड़कर छिप जानेवाले मूक दृश्य के समान वह किसी को समझ न पाती थी। स्थविर ने उसके सामने आकर कहा–'सुजाता, तुमने प्रायश्चित किया?'

'किसके पाप का प्रायश्चित! तुम्हारे या अपने?' तीव्र स्वर में सुजाता ने कहा!

'अपने और आर्यमित्र के पापों का, सुजाता! तुमने अविश्वासी हृदय से धर्म-द्रोह किया है।'

'धर्मद्रोह? आश्चर्य!!'

'तुम्हारा शरीर देवता को समर्पित था, सुजाता। तुमने...'

बीच ही में उसे रोककर तीव्र स्वर में सुजाता ने कहा–'चुप रहो, असत्यवादी। वज्रयानी नर-पिशाच...'

एक क्षण में इस भीषण मनुष्य की कृत्रिम शान्ति विलीन हो गयी। उसने दाँत किटकिटाकर कहा–'मृत्यु-दण्ड!'

सुजाता ने उसकी ओर देखते हुए कहा–'कठोर से भी कठोर मृत्यु-दण्ड मेरे लिए कोमल है। मेरे लिए इस स्नेहमयी धरणी पर बचा ही क्या है? स्थविर! तुम्हारा धर्मशासन घरों को चूर-चूर करके विहारों की सृष्टि करता है–कुचक्र में जीवन को फँसाता है। पवित्र गार्हस्थ बन्धनों को तोड़कर तुम लोग भी अपनी वासना-तृप्ति के अनुकूल ही तो एक नया घर बनाते हो, जिसका नाम बदल देते हो। तुम्हारी तृष्णा तो साधारण सरल गृहस्थों से भी तीव्र है, क्षुद्र है और निम्न कोटि की है।'

'किन्तु सुजाता, तुमको मरना होगा।'

'तो मरूँगी स्थविर! किन्तु तुम्हारा यह काल्पनिक आडम्बरपूर्ण धर्म भी मरेगा। मनुष्यता का नाश करके कोई धर्म खड़ा नहीं रह सकता।'

'कल ही!'

'हाँ, कल प्रभात में तुम देखोगे कि सुजाता कैसे मरती है!'

□

सुजाता मन्दिर के विशाल स्तम्भ से टिकी हुई, रात्रिव्यापी उत्सव को

स्थिर दृष्टि से देखती रही। एक बार उसने धीरे से पूछा–

'देवता, यह उत्सव क्यों? क्या जीव की यन्त्रणाओं से तुम्हारी पूजा का उपकरण संग्रह किया जाता है?'

प्रतिमा ने कोई उत्तर नहीं दिया।

प्रभात की किरणें मन्दिर के शिखर पर हँसने लगीं।

देव-विग्रह ने रथ-यात्रा के लिए प्रयाण किया। जनता तुमुलनाद से जय-घोष करने लगी।

सुजाता ने देखा, पुजारियों के दल में कौशेय वसन पहने हुए आर्यमित्र भी भक्तिभाव से चला जा रहा है। उसकी इच्छा हुई कि आर्यमित्र को बुलाकर कहे कि वह उसके साथ चलने को प्रस्तुत है।

सम्पूर्ण बल से उसने पुकारा–'आर्यमित्र!'

किन्तु उस कोलाहल में कौन सुनता है? देवरथ विस्तीर्ण राज-पथ से चलने लगा। उसके दृढ़ चक्र धरती की छाती में गहरी लीक डालते हुए आगे बढ़ने लगे। उस जन-समुद्र में सुजाता फाँद पड़ी और क्षण में उसका शरीर देवरथ के भीषण चक्र से पिस उठा।

रथ खड़ा हो गया। स्थविर ने स्थिर दृष्टि से सुजाता के शव को देखा। अभी वह कुछ बोलना ही चाहता था कि दर्शकों और पुजारियों का दल, 'काला पहाड़! काला पहाड़!!' चिल्लाता हुआ इधर-उधर भागने लगा। धूलि की घटा में बरछियों की बिजलियाँ चमकने लगीं।

देव-विग्रह एकाकी धर्मोन्मत्त 'काला पहाड़' के अश्वारोहियों से घिर गया–रथ पर था देव-विग्रह और नीचे सुजाता का शव।

❑❑❑